惹瓊巴傳

◆西藏大瑜伽士密勒日巴尊者如月心子

堪千創古仁波切◎著
彼德・亞倫・羅勃茲（Peter Alan Roberts）◎英譯
陳玲瓏◎中譯

目錄

噶瑪噶舉六祖師圖

金剛總持佛

帝洛巴大師

那洛巴大師

瑪爾巴大師

密勒日巴大師

岡波巴大師

英文版引言

密勒日巴尊者是西藏最偉大的佛教聖者之一。他有兩大弟子：如日的岡波巴和如月的惹瓊巴。岡波巴又名達波拉杰，出家為僧多年之後，拜密勒日巴為師，後來廣建寺院，創立達波噶舉傳承。惹瓊巴則承繼密勒日巴的布衣瑜伽士傳統，是許多口傳教誡的持有者。

惹瓊巴的修行之道，不同於一般西藏的瑜伽士，他三度前往印度，最後一次帶回許多噶舉祖師瑪爾巴大譯師當年沒有帶回西藏的法教。惹瓊巴的修行傳記也非常獨特，幾番顯示禪修者不聽從上師教導而產生的種種問題。例如，當他第三度朝訪印度時，他忘卻上師的告誡而學習咒術和因明，因而產生讓他虔敬心不足的兩大障礙。首先，他開始對上師的智慧產生懷疑，並升起極大的傲慢心。密勒日巴尊者為了調伏他的慢心和淨除其他障礙，而前往邊界迎接他；當密勒日巴要他撿起地上的一個犛牛角時，惹瓊巴誤解上師的心有所執著，而不屑於撿拾路邊無用之物。隨後，當夾帶冰雹的暴風雨來臨時，實證空性境界極高的密勒日巴，在刹那間躲進他先前拾起的犛牛角中，安適地在裡面唱道歌，而惹瓊巴卻連一隻手都無法伸進去。很多人或許會覺得犛牛角的故事很神奇，但是，深入探究時我們會發現，所謂的神通只是證悟力量的自然顯現。即使我們無法以科學去解釋彩虹身爲什麼會發生，這類的神奇事跡，依然會隨著證悟力量的開展而自然彰顯。

讓惹瓊巴虔敬心不足的第二項障礙是極大的傲慢心。在修行道上，傲慢心使行者相信自己已經達到很高的悟境，和上師的層次相當，甚至更高。在西方，印度教和佛教的歷史還不到一百年，認爲自己或前輩法友已達到全然證悟的人，時有所聞。這是因爲我們西方人還不瞭解全然證悟的眞實意義。佛教典籍中，有許多教本詳細說明全然證悟——佛性——的功德。創古仁波切和許多藏傳佛教大師，鼓勵他們的學生研讀《究竟一乘寶性論》（*Uttaratantra*）和這方面的著作。創古仁波切也詳細解說過未來佛彌勒菩薩《慈氏五論》當中的《現觀莊嚴論》和《辨中邊論》，這也是瞭解成佛之道及其修持次第的極佳引介。

初次聽聞惹瓊巴的故事時，我們對他為什麼會違抗上師一事或許有些不解。《惹瓊巴傳》的開示讓我們明白這類事件的背景，也看到惹瓊巴自身修行穩固、成熟之後才眞正見到上師的無上功德，如同密勒日巴自身達到成就之後才充分瞭解瑪爾巴上師的偉大和恩德。的確，從世俗的角度而言，密勒日巴長年在山洞中修行，不求利養，除了幾件白色布衣、禪定帶、手杖和少數幾樣必需品之外，沒有任何財物。然而，密勒日巴所承續的法教，流傳至今，不曾間斷，達波噶舉的寺院和佛學中心，遍滿世界各地。

惹瓊巴在法教傳承上的地位雖然不顯著，然而他對噶舉法教的貢獻極大。由於惹瓊巴的緣故，今天我們才有紅觀音、金剛手菩薩、無量壽佛等殊勝法門，以及完整的勝樂金剛法，其中，勝樂金剛是噶舉三大本尊法之一。

惹瓊巴之所以缺乏顯著的地位和獨立傳承，主因是他的法教被融入幾個不同的大、小傳承。第一世噶瑪巴杜松·虔巴（Dusum Khyenpa）把許多惹瓊巴法教融入噶瑪噶舉傳承，第一世竹千仁波切（Drukchen Rinpoche）則把部分法教帶入竹巴噶舉傳承，第一世佐千·奔洛仁波切（Dzogchen Ponlop Rinpoche）和第一世蘇曼仁波切

（Surmong Rinpoche）也分別把惹瓊巴的一些法教融入自己的傳承。惹瓊巴有一些女弟子也步入瑜伽士修持道，以「拓滇瑪」（藏文 Togdenma，女性證悟者）見稱。「拓滇瑪」的傳承幾乎中斷，近年由於一些女修持者的努力，例如《雪洞》作者安尼天津帕莫（Ani Tenzin Palmo），「拓滇瑪」的傳承再度引起世人的注意。

本書主要是根據創古仁波切於一九八九年底至一九九〇年初在尼泊爾南摩布達冬季佛學講座所開示的惹瓊巴傳記整理而成。彼德．羅勃茲（Peter Roberts）擔任翻譯這次的開示。

克拉克．強森（Clark Johnson, Ph.D.）

中文版引言

噶瑪噶舉傳承弟子對惹瓊巴尊者的認識，往往止於他是西藏大瑜伽士密勒日巴尊者的如月弟子，如日的岡波巴則是眾人比較熟悉的。在藏傳佛教中，日、月的光輝同樣都是智慧明光的象徵，雖然影射的意義和形象有所不同，但沒有高、下之別。達波・扎西・南嘉（Dagpo Tashi Namgyal）的大手印經典《明示了義大手印次第之圓滿月光》①（簡稱《月光大手印》），即以月光為名。希望創古仁波切開示的《惹瓊巴傳》能如同月光一般，讓中文讀者和法友們對傳承上師惹瓊巴尊者，有更進一步的認識，並從中得到甚深的啓示。

本書中文版的翻譯與完稿，承蒙許多人的幫助，尤其是英文版譯者彼德・亞倫・羅勃茲（Peter Alan Roberts），他耐心地幫忙查證某些細節並回答翻譯上的各種問題；英文版的編輯珊蒂・噶爾森（Sandy Garson），熱心幫忙改正英文版在聽打稿件排序上的錯誤，並重新修潤文字，便利中文版的翻譯，也提升其正確性；名唐卡畫家蔣揚・辛給（Jamyong Singye），重新繪製六祖師圖當中的五幅，並修潤其中一幅，以更完美的筆畫莊嚴噶舉傳承大師的行傳。自古西藏地名的漢文翻譯即以譯音表達，歷代或有不同，且藏文拼寫本身也時有變遷。本書的西藏地名翻譯，主要參照劉立千譯注的《衛藏道場勝蹟志》[2]、張怡蓀主編的《藏漢大辭典》和《西藏自治區地圖冊》，以採用中國大陸現今的地名為主；尚未查證到的，則以譯音表達，並在譯音之後以特殊符號「(音)」表示，例如，惹瓊巴的出生地惹拉(音)是藏文地名Rala的譯音。當人名超過三個字時，以「・」分隔，方便發音，例如，惹瓊巴傳記的作者是果倉・惹巴。藏文主要典籍名稱和名相的拼寫，以斜體英文字表示。此外，道歌部分，由於藏文原文本身都頗為繁長，英文譯者彼得大多按照仁波切開示時解說的要義而翻譯。本人自身的藏文程度淺薄，無法依原文補譯，僅參考原文稍微調整中文翻譯的歌詞結構，盼望日後有專精藏、中文字者補譯全文。

在中文版的翻譯過程中，彼德依據博士論文而出版的新書《惹瓊巴各版傳記：一西藏聖者傳記的演變》[3]，提供了許多細節的補充資料，更完整地呈現惹瓊巴尊者修行歷程，也揭顯西藏聖者修行傳記可能具有的多面性。根據彼德的研究，惹瓊巴尊者有四位主要的弟子：肅巴（Sumpa）④、嘉洛（Gyalo）、仰達帕（Yangdag Pal）⑤等三位，長年追隨惹瓊巴，並與其他追隨尊者的徒眾聚集而居；炯倉巴（Khyungtsangpa）和肅巴一樣是僧人，但另外成立修行道場，同門徒眾大都不知道他的存在，或可說是「秘密的弟子」。其中，肅巴、仰達巴和來自晉地(音)（Drin）的一位學者，分別於惹瓊巴在世期間撰寫了他的傳記。炯倉巴也於惹瓊巴在世或圓寂之初完成一本尊者的回憶錄。惹瓊巴圓寂三十四年（一一九五年）之後，肅巴把先前編寫的傳記版本，擴編成為《妙寶精髓》⑥。這五本傳記和回憶錄，現在都已經散佚了，但是部分或主要內容被收錄於後期一些傳記當中。

炯倉巴所撰的尊者回憶錄，後來成為第十三世紀竹巴噶舉大師賈當巴·德千·多杰（Gyadangpa Dechen Dorje）撰寫《金山寶鬘傳記》⑦中惹瓊巴傳記的主要依據；炯倉巴這一支系也成為惹瓊巴傳記資料的主要保存者。肅巴擴編的《妙寶精髓》也成為第十六世紀時兩本惹瓊巴傳記的主要依據：拉村·仁千·南嘉（Lhatsun Rinchen Namgyal）的《一生即成就虹光身惹瓊巴尊者之簡傳與道歌集》⑧，出版於一五〇三年；以及創古仁波切講授惹瓊巴傳時採用的教本：果倉．惹巴的《智慧光明．示解脫全知道之明鏡．惹瓊巴尊者傳》，初版印行於一五三一年。雖然這兩本傳記作者都是倉諾．黑魯嘎（Tsangnyön Heruka, 1452-1507）——《密勒日巴大師傳》和《密勒日巴大師十萬歌集》之作者——的弟子，依據的主要資料也相同，兩人強調的重點時有不同，對某些事件和相關人物的敘述也有所差異。例如，拉村．仁千．南嘉僅只略述惹瓊巴與滇布公主的故事，果倉．惹巴則非常詳細地勾繪滇布公主的故事，從她受父親雅礱王之命與惹瓊巴結為夫妻，以及她貪愛珠寶，到杖打惹瓊巴、被逐出王城、罹患痲瘋病、懺悔修行、往生時出現瑞相。此外，果倉．惹巴提到惹瓊巴在雅礱谷創立一閉關所，後世的倉諾．黑魯嘎在此地完成《密勒日巴大師傳》和《密勒日巴大師十萬歌集》[9]的經典作品，並在此圓寂，但這是其他傳記都未曾提及的。

由於《妙寶精髓》等早期的傳記現在都已經散佚了，後世各家傳記的詳盡程度不一、重點和角度不同，對主要和非主要事件以及人物的敘述和細節也時有出入，惹瓊巴生平事跡的全貌仍然有遺缺，也有許多未解的謎題。例如，在細節方面，惹瓊巴圓寂的年歲，各家說法和推算法就有不同，從虛歲七十八至八十八不等，有的可能只是雕版的錯誤，有的可能是推算的錯誤，有的則可能是爲了脗合悉達・惹姬尼（Siddharajni）所預言的壽命。又，惹瓊巴在前往印度求取無相空行母法教之前，比較宏廣方面，根據彼德的分析，「如日岡波巴」、「如月惹瓊巴」的說法，是岡波巴的達波噶舉傳承興盛廣傳之後才出現的，爾後慢慢被廣爲接受。換言之，惹瓊巴在密勒日巴法教傳承中的地位，隨著噶舉傳承歷史的發展而有所變革；岡波巴大師傳承地位漸漸提升，新版傳記所描述的惹瓊巴，叛逆性愈來愈強，道行顯得不如岡波巴。其實，密勒日巴在世時和圓寂後初期，惹瓊巴的聲望勝於岡波巴，在密勒日巴的傳記和道歌集中都佔有重要的地位。倉諾・黑魯嘎提到，密勒日巴是在惹瓊巴得到空行母授記之後的一再請求，才講說自己生平事跡的；此外，在《密勒日巴大師歌集》的六十一篇之中，八篇以惹瓊巴爲主要人物，且惹瓊巴的名字出現在其中七篇，而岡波巴卻不曾以專篇出現。「惹瓊巴」的稱號也顯示他和密勒日巴的深厚關係。他本姓「年」（藏文作 gnyan 或 snyan），十一歲左右開始跟隨密勒日巴尊者學修佛法之後，被其他徒眾和信眾稱爲「惹瓊」（ras-chung）——小瑜伽士，密勒日巴則是「惹千」（ras-chen）——大瑜伽士，可見他是瑜伽徒眾中的翹楚。此外，惹瓊巴由印度求得無相空行母法教之後，密勒日巴馴服了他的傲慢心，他誓願長年隨侍上師，後來卻因爲發現許多功德主對他的供養遠優於上師，許多徒眾對他的恭敬也甚於上師，爲了矯正這種顛倒，他再度違反上師的意願而離開，到衛地各處雲遊。離開上師之後，他是密勒日巴實修傳承心子的地位並沒有改變。即便是第十五世紀時倉諾．黑魯嘎撰著的《密勒日巴大師傳》（一四八八年），也提到密勒日巴尊者入涅槃之前，明確地交代徒眾，在惹瓊巴趕到之前，不能觸動他的遺體。當他們在惹瓊巴趕回來之前，貿然舉行荼毘大典而火總是點不起來時，五位空行母在彩虹中出現，吟歌指出眾人的愚昧，可見惹瓊巴的地位特殊，儼然是密勒日巴的心子。在流傳的各版傳記中，岡波巴並沒有趕回來參加荼毘大典。然而，密勒日巴圓寂之後不久，這對日月同光的弟子相會，比對彼此所領受到的上師法教，惹瓊巴把他原本獨自得受的耳傳法教傳給岡波巴，岡波巴因此具有完整的法教傳承，日月的光明因而無別。

總之，由於時間的隔閡、早期傳本的流失、傳承地位的考量等各種因素，惹瓊巴生平許多事跡的細節和正確性現已無法考證。然而，惹瓊巴尊者傳記研究顯示各家和歷代版本在內容、重點、觀點上的某些差異，似乎受到宗派歷史演變的影響。由此看來，聖者傳記似乎也難倖免無常的洗禮，隨著時間、人、事、物的變遷而改變。

創古仁波切開示所據爲果倉．惹巴編撰的《智慧光明．示解脫全知道之明鏡．惹瓊巴尊者傳》（一五三一年），是當今最普及的版本，但此書本身即有惹瓊浦版、不丹版、扎西炯版、青海版等八種不同的版本，版本之間在細節上有時略有出入。由學術研究的角度而言，惹瓊巴傳本身是一個錯綜複雜的題目，讀者很容易陷入文字與正確性等問題的迷陣之中。然而，大智者創古仁波切的解說，直接趣入精髓要義，化繁爲簡，讓惹瓊巴生平事跡成爲生動、受用的修行故事，讓聽聞者對修行歷程有更深入的瞭解和切身的感受，對自己的上師更具虔敬心，對修行也更有信心和精進力，因此更貼近聖者修行傳記（藏文 rnam-thar）的本義，以及研讀、聽聞聖者修行傳的目的——達到解脫。

聽聞深具啓發性的惹瓊巴傳之後，讀者難免會關切惹瓊巴法教傳承的現狀。噶舉傳承後來的發展以「如日」岡波巴大師的法脈爲主流，「如月」惹瓊巴尊者的法教傳承則融入其他傳承支流。蔣貢．羅卓．泰耶（一八一三～一八九九）在《教誡寶藏》（藏文 *gdams-ngag-mdzod*）中，把惹瓊巴法教的傳續分爲繁、中、簡三系：一、

「惹瓊念舉」（藏文 ras-chung snyan-rgyud，惹瓊耳傳），經由他的主要弟子傳續；二、「丹秋念舉」（藏文 bde-mchog snyan-rgyud，勝樂耳傳），由惹瓊巴傳給密勒日巴，然後經由密勒日巴傳給恩仲．敦巴（Ngendzong Tönpa），由恩仲．敦巴傳續下去；三、「達波念舉」（藏文 bde-mchog snyan-rgyud），惹瓊巴傳給達波拉杰（Dagpo Lharje），即岡波巴大師之後，經由達波噶舉傳承而傳續，尤其是竹巴噶舉和達隆噶舉，竹巴噶舉保有許多惹瓊巴的傳記資料。

惹瓊巴的四位主要弟子當中，肅巴成爲惹瓊巴晚年駐錫地洛若寺（Loro）[10]的繼承者。「秘密」弟子炯倉巴（Khyungtsangpa）繼續維持獨立的修行叢林，他的主要弟子林惹巴．貝瑪．多杰（Lingrepa Pema Dorje, 1128-1189），後來向肅巴求得同樣的法教，以確定自己得到了正統的傳續，後來師事岡波巴大師四大弟子當中的帕摩．竹巴（Phagmo Drupa）[11]，因而同時具有惹瓊巴和岡波巴的傳承，這一法系後來成爲噶舉八小傳承中的竹巴噶舉，也是惹瓊巴傳承三支之中的「惹瓊念舉」（惹瓊耳傳）。林惹巴的主要弟子卓袞．倉巴．嘉惹（Drogön Tsangpa Gyare，第一世竹千法王）發掘的惹瓊巴《等味六法》[12]和其他伏藏法，成爲竹巴傳承的重要法教。

倉諾・黑魯嘎撰著的《勝樂空行耳傳》[13]，彙集惹瓊巴傳承的法教，並涵蓋炯倉巴耳傳系的惹瓊法教傳承史。此外，惹瓊巴傳承也有不少傑出的女瑜伽士。根據果倉・惹巴的敘述，滇布公主在懺悔淨業，努力修行六、七年之後往生時，出現許多成就的瑞兆，惹瓊巴斷定她往生金剛總持淨土（梵文 Alakāvatī），成爲大秘密主金剛手菩薩一萬六千位明妃之首。惹瓊耳傳系統中也有傑出的女瑜伽士，在炯諾・倉巴一支的早期歷史中，瑪姬・昂玖（Machig Angjo）和惹瑪・息莫（Rema Shigmo）是重要的傳承上師。竹巴噶舉至今仍然保有「拓滇」（togden）的瑜伽士傳統和「拓滇瑪」（togdenma）女瑜伽士傳統。

讀者可能很關切的另一件事情是惹瓊巴尊者是否有轉世再來或有化身住世。談到這個主題時，我們必須謹記大乘佛法一個重要信念：法身無所不在，大成就者的菩薩行是不可思議的，不受時空的限制，也不拘於形式。就相對的層次而言，由於惹瓊巴尊者和金剛手法門有密切的關係，後人視他爲金剛手菩薩的化身，因此後世被視爲金剛手菩薩化現的上師，除了其他的轉世淵源之外，同時也被認爲是惹瓊巴尊者的化身或轉世。詠給・明就・多杰仁波切（Yongye Mingyur Dorje Rinpoche）一系的轉世即是如此。此外，當今第十二世大司徒仁波切認證四川阿壩州壤塘縣玉陀寺的堪布惹瓊多杰仁波切（Khenpo Rechung Dorje）爲惹瓊巴尊者的轉世。

仁波切於一九八九年冬天講授惹瓊巴修行記以來，開示稿件從英文版的編譯過程開始，善緣即不斷增長與成熟。當年，彼德悠哉地（這是他的風格）坐在創古仁波切身邊，在尼泊爾大佛塔旁的創古寺爲創古仁波切翻譯惹瓊巴開示時，有一天仁波切突然在課堂上宣告說，學員日後可以讀到彼德翻譯的惹瓊巴傳記。彼德聽了心中大驚，雖然他依照仁波切的指示在做背景研究，但日後只打算翻譯和論文有關的一部分。他萬萬沒料想到，一項簡單的摘譯和背景研究工作，竟然演變成十多年的學術研究，蒐集、查證、比對、分析、再分析……成爲他生活中的呼吸，最後以厚實的博士論文呈現，然後出版成書。雖然當年的學員仍然在等待全本惹瓊巴傳的翻譯，但是英文讀者現在已有機會從研究的角度契入，對這位一代瑜伽士的生平有更多面性的瞭解，超越單純的崇敬。彼德的這則故事本身具有一定程度的預言色彩，同時也說明上師殷殷期望的心，充滿成辦的加持，然後宛如和煦的陽光，讓種子慢慢地成熟。

此外，籌畫講座和參與開示聽打工作的葛羅莉亞．瓊斯（Gloria Jones），爲了護持創古仁波切的事業活動而在尼泊爾定居。十多年前，英文編輯珊蒂從聆聽一卷卷的開示錄音帶起，即十分敬佩密勒日巴與惹瓊巴瑜伽父子的苦行；敬佩之餘，也深感修行所依的五蘊之身必須有營養的食物來滋潤，因此開始思考如何「以食護法」，而著手研發適合尼泊爾和印度寺院的食譜，並發起寺院開發果菜園的計畫。此外，贊助英文版出書的許多功德主，法緣日漸加深，甚至有常住聖地修法者。

最後，祈願所有涉及《惹瓊巴傳》開示之英、中文版以及和此書有緣的人，功德如同清淨的水滴，不斷流入福德大海，共此迴向一切正法上師　健康長壽　佛行事業諸方圓滿！願一切修行者

生生世世不離清淨師　受用吉祥法教　早證菩提

譯者　陳玲瓏　謹誌

【注釋】

①《明示了義大手印次第之圓滿月光》（*The Perfect Description of Moonlight that Illuminates the Stages of Ultimate Mahamudra*），藏文 *Nge-don chak-gya chen-po'i- gom-rim gsal-bar bye-pa'i leg-bsad zla-ba'i'od zer*）。

②欽則旺布著，劉立千譯：《衛藏道場勝蹟志》，北京，民族出版社，二〇〇〇年。

③彼德．亞倫．羅勃茲（Peter Roberts）：《惹瓊巴各版傳記：一西藏聖者傳記的演變》（*The Biographies of Rechungpa: The evolution of a Tibetan hagiography.* Oxford Centre for Buddhist Studies. London and New York: Routledge. 2007, 2010.）。

④肅巴（Sumpa），又名倉巴．肅巴（Tsangpa Sumpa）、丹巴．肅巴（Dampa Sumpa），遇見惹瓊巴時，他是一位二十一歲的僧侶，對惹瓊巴具足大虔敬心，長年侍奉，見面時必定頂禮，且據某些記載，曾經燃指為供，因此當他不在身邊時，惹瓊巴就不說法。

⑤仰達帕（Yangdag Pal），又名仰袞（Yang-gön）、桑傑頓（Sangye Tön）。

⑥《妙寶精髓》（*The Essence of a Wonderful Jewel*，藏文 *ngo-mtshar nor-bu snying-po*）。

⑦賈當巴．德千．多杰（Gyadangpa Dechen Dorje），《金山寶鬘傳記》（*The Biographies of a Garland of Golden Mountains*，藏文 *gSer-ri'i phreng-ba'i rnam-par thar-pa*），一二五八至一二六六年間出版。

⑧拉村．仁千．南嘉（Lhatsun Rinchen Namgyal），《一生即成就虹光身惹瓊巴尊者之簡傳與道歌集》（*A Concise Life and Extensive Songs of Lord Rechungpa who Attained the Rainbow-Body in One Lifetime*，藏文 *Tshe-gchig la'ja'i -lus brnyes-pa rje ras-chung-pa'i rnam-thar rags-bsdus mgur rnam-rgyas-pa*）。

⑨兩書收錄於張澄基譯注的《密勒日巴大師全集》，台北，慧炬出版社，一九八〇年初版。

⑩洛若寺，在洛若（Loro）。根據劉立千譯注的《衛藏道場勝蹟志》（欽則旺布著，民族出版社，二〇〇〇

年），洛若在今錯那縣有洛堆，古代屬於聶區，故又稱聶洛若。洛若在西藏邊界，接近今日印度的阿汝拿洽省（Anurachal Pradesh）。由於惹瓊巴晚年時長居洛若，典籍中或稱他為洛若瓦、喇嘛·洛若瓦、洛若·惹瓊，或洛若·惹瓊巴。

⑪帕摩·竹巴（Phagmo Drupa），或稱為帕竹·多杰·賈波（Phakdru Dorje Gyalpo）。

⑫《等味六法》（*Six Teachings on Equal Taste*，藏文 *ro-snyoms skor drug*）。

⑬《勝樂空行耳傳》（藏文 *bde-mchog mkha'- 'gro snyan-rgyu*）。

第一章　惹瓊巴進入佛門

惹瓊巴的故事，可由他的上師密勒日巴尊者說起。密勒日巴尊者是西藏最偉大的瑜伽士之一，也是藏傳佛教中噶舉派的一大祖師。他長年在山洞中禪修而即身成佛的故事，在西藏地區家喻戶曉，也是當今世界各地佛弟子熟悉的修行典範。他即席而作的道歌一直流傳到今天，對修行有極大的啓發性。

密勒日巴尊者曾經得到金剛亥母的授記，說他將會有兩大弟子：一位是如日的岡波巴，代表僧服寺院系統；另一位是如月的惹瓊巴，代表口傳教誡的布衣瑜伽士系統。

在雪域西藏，研讀大成就者的修行傳記（藏文 namthar）是修學佛法重要的一環。這類傳記敘述大成就者最初如何踏入佛門，如何在修持道上努力與進展，最後如何達到證悟。惹瓊巴尊者的傳記具有很大的啓示性和激勵作用，充分顯示只要具有清淨廣大的動機，並精進努力，必然能達到成就。惹瓊巴尊者傳也指出對上師和修行道具有大信心與虔敬心的重要性。在修行的過程中，惹瓊巴尊者有時信心動搖，虔敬心不足；但是，當他的信心與虔敬心終於達到堅定不移的地步時，他的修行就進展得非常好，達到全然證悟的潛能開始迅速成熟，最後得到圓滿的成就。當他離開這人世間時，他的五蘊之身（色身）化為虹光身①，了無痕跡。

惹瓊巴的生平故事，收錄在許多典籍之中，歷代也有不同版本的傳記，有些版本和章節非常簡短，有些則非常詳盡。這次講授所根據的這本修行傳記，是果倉．惹巴撰寫的《智慧光明．示解脫全知道之明鏡．惹瓊巴尊者傳》②，最初印行於一五三一年。這本傳記相當長，分為三大部分：第一部分簡短地談論他的過去世；第二部分是最詳盡的，總共分為十章，敘述他的現在世，由童年說起，然後談到他如何成為密勒日巴尊者的弟子、如何聞思修法教、如何三往印度、如何去到西藏中部，以及最後如何達到全然證悟等；第三部分則談論他的未來世，也相當簡短。我們將跳過第一部分和第三部分，把重點放在第二部分，以他在今世如何成為噶舉傳承大師的故事為主。

惹瓊巴的童年

惹瓊巴於西元一〇八三年，出生在坤塘首府（Khab Gunthan，現今吉隆縣的宗嘎）西南方的一個叫饒拉溝㊟的小村莊，名為多傑札。當他年紀還小（七歲左右）

時，父親就過世了，家中生活因此陷入困境。不久之後，他的母親依照當地習俗，改嫁給他的叔叔，但是家境依然清寒。由於他聰明伶俐，善於讀書，年紀稍爲大一點的時候，就四處爲人讀誦經本，以換取供養，然後把這些供養交給母親和叔叔貼補家用。

十一歲那年，有一天，他發現許多人聚集在野外一個山洞的周圍。於是，他爬到這個山洞附近，聽到密勒日巴在裡面唱證道歌。聽到這首證道歌時，他當下升起極大的虔信心，於是走入山洞去參見密勒日巴。密勒日巴一見到他就非常歡喜，立即開始教導他佛法。密勒日巴也預言，未來惹瓊巴將會成爲一位偉大的禪修者。在場的人都對他說：「如果你能留在密勒日巴身邊，那就太好了！」

惹瓊巴開始向密勒日巴傾訴自己所經歷的各種苦難，然而，密勒日巴只淡淡地回答說：「其實，你受到的只是小小的苦，我受過的苦比你大多了！然而，我遇見偉大的瑪爾巴上師，從他那兒得到口傳教法，然後非常精進地實修，終於讓自己解脫一切痛苦。你也可以得到這些法教，然後實際去修持，透過實修，最後你也能達到圓滿的成果。」

於是，惹瓊巴沒有回去母親和叔叔那裡。他留在密勒日巴身邊，得到居士戒、菩薩戒和金剛瑜伽母的灌頂。接著，他就開始修持這些法教，並有良好的覺受。

惹瓊巴的母親和叔叔，對他留在密勒日巴身邊不回家一事，深感忿怒。所以，他們去把惹瓊巴「綁架」回來（他們眞的把他捆綁起來，強行帶回家中），然後對他說：「如果你不肯繼續爲人讀誦，那你就得到田裡去做工！」於是，惹瓊巴到田裡去做工，並因而罹患了痲瘋病，藏人相信這是觸犯龍神而引起的一種皮膚病③。這時，他的舅舅對他升起憐憫心，說：「唉！從前你如同王子一般，備受寵愛，現在竟然要受這麼大的苦。我會照顧你，供給你食物和衣服。」然而，他的母親和叔叔卻嫌棄他，說：「你不要留在這裡！你最好離開這個村莊到其他地方去！」

於是，惹瓊巴離開家，去山洞中找密勒日巴，在他那裡住下。有一天，一群印度瑜伽士前來拜訪。看到罹患痲瘋病的惹瓊巴之後，爲首的那位瑜伽士建議說：「你的病很嚴重，印度有一位非常特殊的上師，他可能可以治好你的病。我們原本要去中國的五台山朝聖，但是，我可以先帶你回去印度找這位上師幫你治病。」

惹瓊巴去見密勒日巴，要求上師允許他去印度，密勒日巴答應了。這時，密勒日巴正準備要做一項嚴格的閉關，在完全黑暗的環境之中參禪，觀修心的光明。所以，惹瓊巴在出發之前，幫密勒日巴在洞口外面築牆，堵住入口。

惹瓊巴初訪印度：治病

在前往印度的路上，惹瓊巴病得非常嚴重，但他還是到達了印度，並找到瓦拉堅札（Valajendra）上師④。他從瓦拉堅札上師那裡得到金剛手菩薩本尊法的口傳教授⑤。修持此法一段時間之後，有一天，惹瓊巴半夜醒來，發現自己的痲瘋病完全好了。他興奮地跳起來，手舞足蹈，心想：「我一定要告訴瓦拉堅札上師我已經痊癒了！」接著，他猛然想到當時已經是半夜了：「上師可能已經睡著了，如果我把他吵醒，他可能會生氣。」因此，他按捺住興奮的心，決定不吵醒上師。

痊癒之後的惹瓊巴，產生回鄉的強烈念頭，於是他取道尼泊爾返回西藏。

回到西藏時，惹瓊巴四處詢問密勒日巴在哪裡，但似乎沒人知道。最後，他只好前往最後一次見到上師的那個山洞去看看。到了那裡之後，一看到山洞前的那道牆仍然在原處時，他心中大驚：「糟了，上師死了！」他立刻破牆而入，一衝入山洞，就見到密勒日巴不動地坐在那裡禪修，惹瓊巴激動得說不出話來，好不容易才擠出一句：「上師別來可好？」密勒日巴爲他唱了一首道歌，說一切都安好，他的修持順利無礙，禪定很好，一切都很好。接著，他詢問惹瓊巴的狀況和在印度的經歷。

惹瓊巴回答說：「我見到了瓦拉堅札上師，也得到金剛手菩薩法的教授，修持這個法之後，我的痲瘋病就治癒了，所以我現在也是一切都很好。」當時，惹瓊巴心想：「我一定要留在密勒日巴身邊，直到我達到圓滿的證悟。在這之前，我必須留下來服侍他，領受他的灌頂和解脫的法教。」他決意這麼做，但是，惹瓊巴從印度回來而且痲瘋病已治癒的消息很快就傳開了。他母親和叔叔一聽到消息，就上山來大吵大鬧，要把惹瓊巴帶回去繼續做工養家。這一次，密勒日巴威脅他們說：「如果你們不收斂一點，我就要對你們施咒了！」密勒日巴曾經是威力強大的咒師，通曉黑術，這是眾所周知的事。他具有無比的菩提心，當然不可能利用黑咒術去傷害眾生，更何況他是因爲深深懊悔施咒害人而決心修持正法。然而，一般西藏人深信咒術的力量，對施咒的威脅通常不敢掉以輕心；因此，雖然他這麼說只是要嚇嚇他們，他們卻眞的相信了，驚恐萬分地離去，不敢再來鬧事。

惹瓊巴繼續修行

之後，密勒日巴授與惹瓊巴那洛六法（那洛巴的六瑜伽法）的灌頂、口傳和實修的完整法教，惹瓊巴於是開始修持那洛六法。

有一天，惹瓊巴跟隨密勒日巴前往岡底斯山（Mount Kailash）。密勒日巴在那裡顯神通力，收服了一位名爲那若．邦瓊（Naro Bangchung）的苯教大師⑥。目睹這過程，讓惹瓊巴深深體會到密勒日巴眞的就是佛，自己應該更加精進地修持他親自傳授的法教。同時，他編了一首歌，表達自身修持密勒日巴法教的覺受。但是，密勒日巴告訴他要時時小心，因爲他仍然存有重新落入輪迴和升起心毒的危險；因此，密勒日巴建議他到僻靜無人之處禪修。惹瓊巴回答說，他已經遇見一位偉大的上師，並且得到他的甚深法教，因此說：「我如同翱翔在高空的金翅鳥，沒有掉落到地面的危險；如同悠游在水中的魚，沒有被大浪吞噬的危險。帶著這些法教在深山中與瑜伽士一起禪修，我沒有遭受任何障礙的危險。」密勒日巴回答說：「哎！你的傲慢心這麼重，話又說得這麼自信，這會讓你很難成就佛果。不過，金剛亥母向我授記你的事跡，所以，最後你必然會有好成果。」

惹瓊巴遵照密勒日巴的指示，在深山中閉關修行，過著儉樸的生活。有時，他會修持特殊的「一味法」，外出乞食化緣，無論化緣所得到的是什麼，都能平等無別地接受。有時，他會遇見很好的施主，得到很好的食物，甚至被邀請坐在上位，開示佛法，並有舒適的住宿之處。有時，他可能處處遭受拒絕，聽到的盡是「喂，你怎麼老是來這裡討食物」之類的抱怨。有時，他可能不但討不到食物，甚至還會挨打。在這種一味的修持中，所遇見的一切，不論是好是壞，都沒有任何差別，都是一味，修持者只是在好壞間雜的情況下開展平等捨心。因此，行乞化緣是開展證悟的一種修持法。

有一天，惹瓊巴外出修持一味法時，決定回去探望密勒日巴。可是，密勒日巴不在，他去了尼泊爾山區一個叫做尼香寇提（Nishang Koti）的地方，離加德滿都不遠。於是，惹瓊巴和另一位瑜伽士一起去尋找密勒日巴。他們在半途中遇見一群出來打劫的強盜，他們高叫：「不要搶我們啊！我們是瑜伽士！」但是，這些強盜說：「你們不是瑜伽士！像密勒日巴那樣的人才是瑜伽士！如果你用刀刺他，他也不會受到傷害；如果你對他下毒，他也不會受到傷害；如果你把他丟入火中，他也不會被灼傷；如果你把他丟到水裡，他也不會沉下去⑦；尼泊爾國王邀請他，他也不去見他。這才是瑜伽士！」

於是，他們趕緊向這群強盜打聽密勒日巴的行蹤。這些強盜決定放過他們，還告訴他們說：「他在那邊的一個山洞中。」他們立刻上山。見到密勒日巴時，惹瓊巴請求說：「爲了利益眾生，請您返回藏地。」

有一天，惹瓊巴告訴密勒日巴，他一直惦掛著印度上師瓦拉堅札對他的慈悲與大幫助，覺得自己應該回去見他，供養他一些黃金，報答他的恩德。他徵求密勒日巴的意見，密勒日巴贊成他的想法。所以，往後兩年，惹瓊巴四處化緣。後來，他從母親和叔叔那兒分得一分田產，他立刻將之變賣爲黃金。湊足了黃金之後，他踏上旅程，二度前往印度。

惹瓊巴二訪印度：謝恩

惹瓊巴第二次抵達印度之後，找到了瓦拉堅札上師。頂禮之後，惹瓊巴把帶來的黃金供養給瓦拉堅札，感謝他授與法教，幫助他治好痲瘋病。之後，瓦拉堅札給予惹瓊巴白色、黑色和多色金翅鳥的法教，並傳授他金翅鳥五法——金翅鳥的身、口、意、功德和事業等五法——的禪修。

惹瓊巴對這些法教具有很大的信心，因爲他知道瓦拉堅札已經具有非常大的力量。有一次，一位婦人暈倒在地，一直昏迷不醒，她的家人求助於惹瓊巴。惹瓊巴不知道如何處理，於是轉而請求瓦拉堅札幫助這位昏迷的婦人：「您能讓她醒過來嗎？」「可以，我會讓她恢復意識。」惹瓊巴心想：「如果他做得到這一點，那我一定得跟去看看。」所以，他和瓦拉堅札一起去。抵達之後，瓦拉堅札修了一個火供，然後把昏迷不醒的婦人抱起來，把她投入火供的火中，婦人立即醒過來。之後，她喝下瓦拉堅札洗手的髒水，以表示她的感激與虔敬。

瓦拉堅札爲惹瓊巴授記：西藏南方有一個很殊勝的聖地，去那裡禪修將對惹瓊巴有極大的利益，因爲惹瓊巴的性情和修持似乎特別偏向瑜伽士的傳統。瓦拉堅札問惹瓊巴，是哪一位上師給他這樣的啓示。惹瓊巴回答說，是那洛巴的一位直系弟子密勒日巴。瓦拉堅札接著說：「既然是這樣，若你能由那洛巴的另一弟子帝布巴

（Tibupa）那裡得到法教，對你會有很大的利益。」可是，惹瓊巴已經把所有的黃金供養給瓦拉堅札，他已沒有任何東西可供養帝布巴了。於是，瓦拉堅札給惹瓊巴一匹棉布，說：「當你見到帝布巴時，供養他這匹棉布，這應該足夠了。」

接著，惹瓊巴出發去尋找帝布巴。找到帝布巴時，他把瓦拉堅札贈與的那一匹棉布獻給帝布巴，並向他請求法教。

惹瓊巴曾向一位西藏譯師詢問帝布巴的生平、師承等。這位譯師告訴他帝布巴的故事。

帝布巴大師的故事

帝布巴大師的父親是一位班智達（學者），名為嘎雅達惹；母親是薩曼塔巴扎。他們總共有三個兒子，但是長子在十三歲時不幸亡故，讓他們萬分悲痛。哀傷之餘，他們把兒子的屍體帶到屍陀林，屍體一落地，有一隻鴿子飛來他身邊，點頭三次之後就死了。但當這隻鴿子死去時，他們死去的兒子卻復活了。抬屍體的那些人驚駭萬分，大喊：「屍體被殭屍魂侵入了⑧！」但是，進入這屍體的是瑪爾巴大師的兒子達瑪．多喋（Dharma Dodé）的心⑨。由於從小受到父親的薰陶，達瑪．多喋懂一些印度話，於是開口說：「不要害怕！我不是殭屍，我只是死而復活的人，你們可以放心帶我回去。」狂喜的父母於是帶他回去，每個人都嘖嘖稱奇地說：「他死而復活！」有些人認爲這是因爲他得到延壽祈請文加持的緣故。

總之，他的父母非常高興能再與他一起生活。但是，不久之後，他們就發現他比以前安靜許多，對父母比較恭敬，對佛法的興趣也提高了。他們逐漸明白，其實他並不是他們的兒子，於是問他：「你到底是誰？」所以，帝布巴解釋說，他由父親瑪爾巴那裡學會「頗哇聽秋」的法門。這是頗哇法（藏文 phowa，遷識法）的一種，稱爲「遷舍法」，修持者把自己的意識遷離自己的身體，然後進入剛往生者的屍體中。

說到這裡，我們暫且回顧一下瑪爾巴大譯師的事跡，以便瞭解事情的來龍去脈。瑪爾巴大師共有七個兒子，但唯有達瑪．多喋能眞正利益眾生，是瑪爾巴最鍾愛的子嗣。那洛巴曾經說過，達瑪．多喋將有障礙，因此必須做一次嚴謹的閉關，並在閉關期間持滿一定數目的咒語（梵文 mantra，「曼荼羅」，或譯爲「曼特羅」或「曼坦」，也稱爲「眞言」）。所以，達瑪．多喋在西藏中部閉關。然而，閉關期間正好有一場非常盛大的慶典，許多人都趕來參加。達瑪．多喋心想：「我有父母可依靠，又還年輕，現在不玩要等待何時？我一定要去參加慶典。」

瑪爾巴大師告訴達瑪．多喋留在關房，但是，他堅持要去參加慶典。瑪爾巴不得已，只好答應他，但囑咐他務必要遵守三件事。他說：「如果你非去慶典不可，你一定要遵守這三件事：第一，不坐前排；第二，不可開示；第三，不可飲酒。」

達瑪．多喋答應父親要遵守這三項，然後興高采烈地前往慶典。抵達之後，他規規矩矩地坐在後面。但是，他一坐下來，就被很多人認出來，堅持要他坐在前排：「哎呀，您是瑪爾巴的兒子，怎麼可以坐後座？無論如何，您一定要坐在前排！」於是，他就坐在前排。接著，大家一再懇求他開示佛法，他無法推卻，於是給予開示。開示之後，大家又一再要他喝酒慶祝，「今天這場慶典實在太好了！您一定得喝一點酒！」最後，他喝了酒，而且喝到小醉的地步。

在騎馬回家的路上，他意外地從馬上摔下來，頭部撞到岩石而裂開。他知道這樣的傷無法復原，幸好他通曉「遷舍法」，可以把自己的意識遷移到新近死亡者的屍體之中。然而時間緊迫，他必須很快就找到一具完好的屍體才能修這樣的法。可是，除了一隻死鴿子之外，隨行的弟子們無法找到任何可用的屍體，所以他們只好把死鴿子帶回來，達瑪．多喋不確定這是合適的做法。此時，瑪爾巴以上師的身分指示他的兒子：「你應該把自己的意識遷移到這隻鴿子身上，然後飛往印度的清涼林屍陀林，你可以在那裡找到一位婆羅門男孩的屍體⑩。」於是，他就由西藏飛往印度。抵達之後，果然如同瑪爾巴所預言的，找到了合適的屍體，然後把自己的意識遷移到那具屍體中。在印度語言中，「鴿子」稱爲「帝布」（tibu），這就是他被稱爲帝布巴——「鴿人」——的原由。

後來，當帝布巴去見那洛巴時，那洛巴顯現神通，身體飄到半空中，在空中跳舞。接著，帝洛巴在虹光之中示現，對帝布巴說：「你是瑪爾巴的兒子，你是帝布巴，你擁有那洛巴的加持！」接著，他又說：「在印度，你是帝布巴；但是在西藏，由於你擁有許多密續法教，應當以『密咒之樹』見稱！」因此，在藏文中，帝布巴的名字是「桑阿東波」（Sangngag Dongpo），意爲「密咒之樹」。

帝布巴授予法教

得到帝布巴的法教之後，惹瓊巴回去見瓦拉堅札。瓦拉堅札問他說：「你有遇見那位上師嗎？你有沒有得到好的法教？你對他產生極大的信心嗎？」惹瓊巴回答說：「是的，我見到上師了，他是一位很偉大、很殊勝的上師。我對他有非常大的信心，也從他那裡得到法教與指導。」

惹瓊巴返鄉

接著，惹瓊巴啓程返回西藏。一路上，他遇見許多位上師，得到大圓滿（藏文 Dzogchen，「佐千」）和其他兩種本尊法的法教。途中，他也遇見一位名叫默提（Mirti）的上師。默提具有神足通的法教⑪，這是一種飛速行走的禪修法。得到這法教之後，惹瓊巴很快就精通，在六天之內由印度走回西藏。

【注釋】

①虹光身（藏文 ja lü,'ja'lus）是大修行者圓寂時的一種成就徵象。完全超越二元執著的禪修者圓寂時，組成肉身的五大元素融入本初精髓之中，成為清淨的五色彩虹光，有時只留下毛髮和指甲，有些則完全沒有留下任何痕跡。至今仍有行者達到如此的成就，例如，一九九八年，西藏格魯派的堪布阿卻仁波切（Khenpo Achö Rinpoche）圓寂時即示現虹光身的成就。【中譯補注】近年天主教士 David Steindl-Rast 和智識科學研究院（Institute of Noetic Sciences, IONS）攜手合作探究虹光身的現象。參考報導：http://www.snowlionpub.com/pages/N59_9.html。

②果倉・惹巴（Götsang Repa）撰寫的《智慧明光・示解脫全知道之明鏡・惹瓊巴尊者傳》，藏文拼寫為：*rje-btsun ras-chung-pa'i rnam-thar rnam-mkhyen thar-lam gsal-bar-ston-pa'i me-long ye-shes kyi snang-ba bzhugs-so,* Peter Alan Roberts 將英文書名翻譯為 *The Radiance of Wisdom: A mirror that clearly reveals the path to liberation and omniscience; a biography of Lord Rechungpa*。

③由於西藏人相信冒犯龍神之後會得到痲瘋病，因此患病時會請喇嘛修法安撫龍神，有時患者因而痊癒。

④【中譯補注】彼德・亞倫・羅勃茲在《惹瓊巴各版傳記：一西藏聖者傳記的演變》中解釋說，這位印度大師的名字在梵文中作 Varacandra，但是在尼泊爾文或馬伊提里（Maithili）沒有 va 和 ra 二音，故以 ba（或 wa）及 la（或 da）取代，而變成 Balacandra 或 Walatsanda。藏文典籍中，他的名字或依據意義而譯為達哇・桑波（Dawa Zangpo）——善月。

⑤金剛手（梵 Vajrapani，藏 Chagna Chenpo），或稱為大秘密主，是三大菩薩之一，具有治癒龍族造成的疾病之特殊威力。

⑥英文部分，請參見創古仁波切的《密勒日巴十萬歌集開示錄》（*Teachings from the 100,000 Songs of Milarepa.*

Boulder: Namo Buddha Publications, 1999），或 Garma C. C. Chang (translator), *The Hundred Thousand Songs of Milarepa. Part II, Story 22, The Miracle Contest on Di Se Snow Mountain.* Boston and London: Shambhala, 1999.【中譯補注】這則故事收錄在張澄基譯《密勒日巴大師全集．歌集上》〈第二十二篇：笛色雪山降伏外道的故事〉。台北：慧炬出版社，一九八〇年初版。

⑦【中譯補注】這則故事收錄在張澄基譯《密勒日巴大師全集．歌集上》〈第二十七篇：尼泊爾王之迎請〉。

⑧西藏和印度兩地都有許多關於殭屍的故事流傳，很多人相信正常人被殭屍碰觸之後，也會變成殭屍。在藏文，殭屍稱為「若隆」（藏 rolong）。

⑨這段故事詳載於《瑪爾巴傳》（*The Life of Marpa,*1982, Boston: Sahmbhala Pulbications）。【中譯補注】達瑪．多喋於意外死亡後，修持遷舍法藉由鴿子和婆羅門少年的屍體而輾轉成為帝布巴的這則故事具有爭議性，在噶舉傳承的接受性也不一致。根據賈當巴撰著的《金山寶鬘傳記》，達瑪．多喋並未比父親先死，密勒日巴晚年時要傳給惹瓊巴一個一世只能傳一人的特殊法教，因為早先得到此法的達瑪．多喋在前一年圓寂了。然而，不認可鴿子故事的傳記作者，例如拉村．仁千．南嘉，大都認為帝布巴確實是持有那若巴法教的傳承。

⑩由於西藏鬆質土地不多，西藏人通常將屍體放在高處，切割成塊，餵食禿鷹，俗稱「天葬」。由於天葬的習俗，要在西藏找到完整的屍體比較困難。

⑪亞利珊卓．大衛．尼爾（Alexandra David Neal）在她著作的《西藏魔術與祕學》（*Magic and Mystery in Tibet*）書中，提及此種修持法。

第二章 惹瓊巴前往印度求取無相空行母法教

密勒日巴與學者的辯論①

惹瓊巴二度朝訪印度，回到密勒日巴身邊時，密勒日巴已經聲名遠播了。從遠近各地前來求法的人非常多，許多人對他有極大的信心。

密勒日巴的名聲，引起某些學者與僧人的不滿。有一天，兩位非常有學問的僧侶——達洛和洛滇，開始中傷密勒日巴，宣稱：「密勒日巴這個人對佛法一無所知，根本沒有資格教導佛法。我們應該跟他辯論，揭穿他的眞面目，然後把他趕出這個地區。」

這兩位僧侶眞的去找密勒日巴，告訴他說：「這些人全都對你有大信心，你應該道行很高、很有學問，我們想跟你好好討論佛法。」

首先，他們問密勒日巴：「你擅長哪一方面的法？你的上師是誰？」密勒日巴就唱了一首歌，歌詞是關於他的傳承、他在做什麼修持等。這兩位僧侶不爲所動，說：「你的歌或許能愚弄一般人，但我們是知識分子，所以，你不要再對我們唱歌了！我們必須以嚴謹的方式來討論佛法。」密勒日巴說：「我修持的是氣脈的法。」他們說：「這並不是非常重要的法。水中的魚不需要空氣，連在地下冬眠的動物都可以不呼吸，所以，你所修的這些法，既不罕見，也不殊勝！」

接著，他們要求密勒日巴解釋他對十波羅蜜多（梵文 paramitas，或稱爲「十度」）的瞭解。所以，密勒日巴又唱了一首歌，表達他對十波羅蜜多的瞭解。這兩位學養甚高的僧侶不得不承認：「哦，你似乎瞭解這個論題。不過，在佛學領域中，這並不是最重要的論題，精通邏輯學（因明）才是最重要的。就邏輯學而言，你必須顯示事物如何是相關的、如何是相互牴觸的，以及如何是不可分的。」密勒日巴說：「當然！心與佛法相牴觸，是相牴觸的例子。自心與煩惱障不可分，是不可分的例子。」

學者僧侶接著說：「你不須要賣弄文辭，會引用名相並沒有多大的意義，你必須建立明確的定義。」

密勒日巴於是回答說：「根據你的瞭解，空間是阻礙或非阻礙？」第二位邏輯學家說：「這問題還不簡單！佛陀說過，空間無阻，而且從未有人說過空間具有阻礙性。」然後，密勒日巴以其神奇的禪定力量改變兩位僧侶周圍的空間，讓他們完全動彈不得。「空間是阻礙，不是嗎？」身在洞中的密勒日巴，接著又問：「這岩石是阻礙，還是非阻礙？」然後，他以禪定的力量，往返穿透岩石，說：「這全然無礙，不是嗎？」②

兩位僧侶啞口無言，其中一位仍然對密勒日巴毫無信心，另一位則心中暗想：「密勒日巴好像很奇特！」回過神來之後，兩人道貌岸然地丟下一句話：「除非我們能嚴肅地討論佛學，否則這完全沒有意義！」然後就匆匆離去。

離去之後，存疑的那位僧人，一入家門就發現家中懸掛的「唐卡」（藏文thangka，西藏式的佛教畫像）竟然掉落下來，佛像變成顛倒的。這在西藏人眼中，是非常不吉祥的徵兆。於是他回去見密勒日巴。他一走進山洞，密勒日巴就說：「你的心不如禮地遵循佛法是一回事，但是，請不要對佛陀不敬。」聽到這番話之後，這位僧侶大感震驚，立刻回頭去找他的朋友，說：「密勒日巴這個人好像很奇特！他似乎沒研讀過多少佛法，而我們研讀過許多佛法，但是我們的心似乎不怎麼馴服；可是，密勒日巴似乎已經馴服他的心了。」缺乏信心的這位僧侶立即接口說：「那絕對不可能！這完全是一派胡言！」

惹瓊巴決意三訪印度

這段期間，惹瓊巴一直在旁觀察，他心想：「我的上師顯現了大神通力，但是，他的辯論工夫並不好。我應該去印度學習邏輯和辯論，將來才能擊敗這些人。這些人的心地壞透了，所以，我也應該回去學咒術，日後才能收服他們。密勒日巴雖然懂咒術，但是他一定不肯教我。」

惹瓊巴於是去請求密勒日巴讓他第三度前往印度。可是，密勒日巴對惹瓊巴說：「你不要去印度學什麼邏輯或咒術！那些只是世間法，而且，即使你學會咒術和邏輯，並無法讓你達到佛果；所以，你最好還是留下來繼續禪修。」但是，惹瓊巴說他非去印度不可，而且無論如何都不會留下來。密勒日巴只好說：「唉！如果你眞的非去不可，那你就去吧！可是，千萬不要去學邏輯和咒術，你應該學習的是禪定法教和實修法門。」

密勒日巴繼續說，他的法教源自帝洛巴和那洛巴，而他們的法教得自空行母。空行母所傳授的法教共有九種，但是密勒日巴只得到其中的四種，因爲瑪爾巴上師只將這四種法帶回西藏。瑪爾巴告訴過密勒日巴：「我已經教你四種空行母的法，但仍然還有五種在印度。所以，如果你能去印度，即使不能見到那洛巴，你也可以由他傳承的人得授這些法教。如果這五種空行母法教也能傳到西藏，是非常吉祥的事。」但是，密勒日巴後來對修持大手印和那洛六法深感滿足，眞心喜愛禪修，所以不忍放下禪修而去印度；此外，密勒日巴長年閉關禪修，現在已經太老了，無法去印度。

他對惹瓊巴說：「但是，你還年輕，有才智、又精進，所以，如果你去印度時能得到其餘五種空行母法教，把它們帶回西藏，是一件非常好的事。」

於是，師徒兩人把他們所有的東西變換成黃金，作爲求法的供養。臨行前，密勒日巴反覆地告誡惹瓊巴：「如果你到印度學邏輯和咒術，那只會污染你的心，製造更多的心毒；事實上，你會因此而退轉。所以，你應該一心求取這些無相空行母的殊勝法教。」

惹瓊巴三訪印度：求法

準備就緒之後，惹瓊巴啓程前往印度。這次，他和兩位喇嘛結伴同行——喇．洛札哇．多杰．札巴（Ra Lotsawa Dorje Drakpa，簡稱喇譯師），和啓頓．江秋．札巴（Khyitön Changchub Sempa）。在藏文中，「啓頓」的意思是「狗教師」，他之所以得到這稱呼，是因爲他以前是獵人。有一天，當他外出打獵時，他的狗追捕一隻野鹿，把鹿的腸子撕扯出來；儘管如此，這隻鹿還是繼續奔逃。看到這隻受傷的鹿掙扎求生的景象時，啓頓深深感到自己不應該繼續當獵人，於是把狗供養給寺院，然後受戒出家。

總之，他們三人一起離開西藏到印度。經過尼泊爾時，由於戰亂，不能隨意通行，他們在加德滿都住了一段時間。停留期間，當地民眾擺設好一張大法座，請他們說法。啓頓首先講述佛法義理，然後給予大圓滿法教。他說：無本尊、無邪魔……。換言之，他由非常高深的層次給予開示。這樣的見地，引起尼泊爾學者對大圓滿的批評：「這些西藏人根本不是優秀的佛教上師。他們懂什麼？怎麼有可能在修持前行

（藏文 ngöndro）時觀想本尊，然後去修持金剛乘大圓滿無本尊的見地？這些西藏人不知道自己在做什麼！」③

在尼泊爾時，惹瓊巴會見了當地一位女性成就者——巴瑞瑪（Bharima），她答應要傳給他一些法教。惹瓊巴問巴瑞瑪：「你的本尊是誰？」④巴瑞瑪回答說：「你不是我的上師，我爲什麼要告訴你我的本尊是誰？這是私人的事。」這使得惹瓊巴更加好奇，更想知道她專修的法門和上師。他在夜裡偷偷溜進她的住處，從房間窗口窺探，試圖發現她修持的本尊像。她的房間裡面掛了許多不同本尊的唐卡，但惹瓊巴無法猜測哪一幅唐卡代表她的本尊。最後，他設法賄賂她的一位侍女，終於發現她的本尊是金剛亥母。惹瓊巴也從她的家屬口中探聽到，她的上師正是他要尋找的成就者帝布巴！於是，惹瓊巴出發去尋找帝布巴。

帝布巴授予無相空行母法教

見到帝布巴時，惹瓊巴說明他前來請求九種無相空行母法教中的五種。首先，他傾訴此行之苦：「我經歷了許多困難才來到這裡，我經過疾病充斥的地區，越過極端寒冷的高山，穿過酷熱的低谷。我不顧一切艱辛，完全是爲了得受您的法教，請您慈悲傳授我您擁有的法教。」帝布巴聽了很歡喜，說：「啊！這顯然是一位禪修精進又非常聰明的子弟。」因此答應傳授他這些法教。但是，他身邊的一位西藏譯師卻說：「不，這顯然是他事先就編好的，刻意想感動您。」聽他這麼一說，帝布巴覺得自己確實應該進一步瞭解惹瓊巴的師承，並試探他的修行程度。於是，他仔細地詢問：「你的傳承是什麼？你需要什麼樣的法教？」惹瓊巴於是唱了一首「多哈」，解釋他的傳承是由帝洛巴、那洛巴、瑪爾巴和密勒日巴傳下來的，這一次他是特別前來求取無相空行母的法教。聽到這樣的回答時，帝布巴回唱一首「多哈」，在歌中列舉要傳授給他的法教。

等待傳法期間，惹瓊巴認爲既然要領受帝布巴的法教，他應該先修持帝布巴的本尊法，因此他問帝布巴：「您有本尊嗎？」帝布巴回答說：「當然有。」他繼續追問是哪一位本尊。帝布巴說：「我不能告訴你！我必須持守保密的諾言，所以不能告訴你。」惹瓊巴於是開始盤算如何得知帝布巴的本尊。帝布巴和他的妻子住在樓上，惹瓊巴則睡在他們樓下的一個房間。他注意到，帝布巴上師每天習慣在夜裡某個時辰起來持誦咒語，他仔細地聆聽，努力猜測那是什麼咒語；但是，他只聽出其中有幾個「吽」音而已。他心想自己必須靠近一點，於是他鑽出蓋毯，身上什麼也沒穿，躡手躡腳地上樓去偷聽。但是，此時的他又緊張又害怕，沉重的呼吸聲蓋住低沉的咒語聲，反而什麼也聽不到。帝布巴持完咒語時，發現惹瓊巴在那裡，開口問說：「喂！西藏人，你是怎麼啦？你是不是發瘋了？你爲什麼三更半夜全身一絲不掛地到處亂跑？」惹瓊巴只好老實承認：「我很想知道您的本尊是誰，所以就偷偷靠過來，看看能不能聽出是什麼咒語。」帝布巴說：「你這西藏人還眞是個鬼靈精！」兩人不禁相對大笑。

之後，帝布巴開始爲惹瓊巴詳細解釋空行母法教的教本。但是，惹瓊巴和瑪爾巴大譯師不同，他只懂藏文，不懂梵文或印度的地方語言，因此無法自行把這些法教翻譯成藏文，而帝布巴的藏文又很有限，所以惹瓊巴必須依靠兩位能力各異的藏文譯者爲他翻譯帝布巴的解說。儘管其中有些障礙，惹瓊巴還是學習到完整的無相空行母法教，然後開始實際修持。

惹瓊巴得到長壽法、紅觀音法及其他法

有一天，帝布巴告訴惹瓊巴說，他應該到城裡去逛一逛。所以，惹瓊巴就往城裡走去，想見識一下城裡的景象。途中，他遇見一位又瘦又高的瑜伽士。瑜伽士迎面走來時，仔細地打量一下惹瓊巴，然後說：「你真是一位俊美、討人喜愛的西藏青年！可惜你只剩下七天的壽命可活了。」

惹瓊巴聽了，心裡一驚：「我只剩下七天的壽命！這怎麼辦呢？」他立刻轉身跑回去見帝布巴，告訴他說：「我剛才遇見一位瑜伽士，他說我只剩下七天可活。我應該怎麼辦？」帝布巴回問說：「你這麼怕死嗎？」惹瓊巴說：「其實，我並不是怕死，可是我歷經艱辛地來到印度，求得殊勝的無相空行母法教，目的就是要把它們帶回西藏。如果我死在這裡，這一切都將變得毫無意義。我必須把這些法教帶回西藏，把它們交給密勒日巴。」帝布巴於是說：「事實上，我知道你已經沒有多久可活了，所以才告訴你去城裡，而且，我知道你會碰見這位告訴你所剩壽命不多的人。不過，你不用擔心，因為有一位人稱悉達・惹姬尼（梵文 Siddharajni）的女成就者可以幫助

你。」在西藏典籍中，悉達．惹姬尼的藏文名號是瑪姬．竹貝．嘉莫（Machig Drupe Gyalmo），意爲「唯一成就王母」。帝布巴進一步說明：「悉達．惹姬尼成就了長壽法，現在已經五百歲了，可是看起來像十六歲的少女。她住在一個山洞中，你可以去找她。」

於是，惹瓊巴前往悉達．惹姬尼所住的山洞，見到她之後，向她獻供養和頂禮。她問說：「你來這裡做什麼？」他說：「我遇見一位瑜伽士，他說我只剩下七天可活了。所以，請您給我長壽的『悉地』（梵文 siddhi，成就）！」希達．惹姬尼接著問他：「你能七天不睡嗎？」他回答說：「能！」於是，她傳給惹瓊巴無量壽佛（梵文 Amitayus，又稱長壽佛）的長壽法，他連續不停地修持了七天七夜。七天七夜的修法結束時，無量壽佛出現在淨觀中，親自授予惹瓊巴長壽法的長軌、中軌和短軌。之後，希達．惹姬尼問他想活多久，他回答說：「我想活到我不想再活爲止。」她問他現在幾歲，他說四十二歲。但是，希達．惹姬尼不以爲然：「你這刁鑽的西藏人，這麼貪圖壽命！」接著，她說：「兒子活的歲數應該和父親一樣！」[5]

接著，希達．惹姬尼也把紅觀音（梵文 Jinasāgara，藏文 Gyalwa Gyamtso）的灌頂、口傳和實修指導的完整法教傳授給惹瓊巴⑥。

之後，某一天夜晚，惹瓊巴做了好幾個夢，在其中的一個夢中，一位班智達在跳舞。然後，空中開始落下花雨，許多空行母在花雨之中出現，對他說，他已經得到了一項極其殊勝圓滿的灌頂，而且把法修得很好。接著，她們爲他唱了一首歌。他覺得這首歌非常動聽，於是專注地聆聽這首歌的旋律。醒來之後，惹瓊巴發覺他不知道歌詞是什麼，只記得其中的一句，後來發現這句歌詞寫在帝布巴的門匾上。返回西藏之前，惹瓊巴由帝布巴處領受到更多的法教，包括「一味」的伏藏法。

總之，在這次的印度之旅，惹瓊巴由帝布巴和悉達·惹姬尼那裡得到其他許多法教，這些法教也全部都翻譯爲藏文。帝布巴說，這些法本的譯文並不完美，但是，他也不知道如何才能讓它成爲完全精確的譯文。不過，他預言說，這並無大礙，因爲未來會有人矯正譯文的錯誤和瑕疵。

惹瓊巴在返鄉途中得到更多法教

惹瓊巴返回西藏時，途中再度經過尼泊爾。在尼泊爾時，他回去拜見女成就者悉達．巴瑞瑪。「你經歷了些什麼？」巴瑞瑪問，「一切都順利嗎？你到印度一路都平安無事嗎？你見過哪些上師，得到什麼法教？」

「我再度拜見了帝布巴上師，也首次見到希達．惹姬尼。」惹瓊巴回答：「我這次到印度的旅途平安無事，而且得受許多法教和實修指導。」同時，他把無相空行母法教的翻譯法本拿出來給巴瑞瑪看。「嗯……。」她看了一下之後說：「有些翻譯不是很正確，我會從頭到尾仔細看過，改正我看到的錯誤。」於是，空行母化身的巴瑞瑪⑦更正了翻譯上的所有錯誤⑧。帝布巴說未來會有人更正法本錯誤的預言，果然應驗了。此外，巴瑞瑪也授予惹瓊巴一些特殊的法教。

離開巴瑞瑪之後，惹瓊巴遇見一位苯教的咒師。那位咒師教導他一些可用來傷害人的咒術，惹瓊巴因此感到很高興，障礙也隨之升起。

回到西藏時，惹瓊巴已經學到很多法，蒐集了許多法本和各種典籍，也達到一些成就，但是由於違背師言而學習咒術，同時也產生了極大的傲慢心。

【注釋】

①【中譯補注】這則故事收錄在張澄基譯《密勒日巴大師全集．歌集上》〈第三十四篇：密勒日巴與佛學家的辯論〉。台北：慧炬出版社，一九八〇年初版。

②創古仁波切解釋過，修行者真正了悟空性之後，當他們進入禪定狀態時，由於具體物質確實是空性的，他們可以穿過具體物質。

③創古仁波切提醒學員，由於初學者對空性的理解只是知識性的，且沒有實證的基礎，因此必須先由祈請、培養虔信心、做觀想和持咒的基本修法開始。悟性開展而真正見到萬法的空性時，行者才可能超越外相，直接觀照心性——大圓滿或大手印的修法。

④在金剛乘修持中，當弟子已具有一定的修持基礎之後，上師會指導弟子做本尊禪修，例如勝樂金剛、金剛亥母的觀想、咒語和禪修。本尊法通常是隱密的，不輕易告訴他人。

⑤【中譯補注】由於悉達．惹姫尼的這句預言頗為含糊，各家傳記著者因此大多根據自己採信的密勒日巴尊者的壽命，去推算惹瓊巴尊者的壽命。果倉．惹巴則根據早期惹瓊巴幾位弟子的記錄，而說他活到八十八歲。

⑥觀音菩薩的化現有多種外相和身色，如：四臂白觀音、紅觀音，也有十一面千手千眼觀音，許多西藏大師如達賴喇嘛尊者、大寶法王噶瑪巴，被藏人視為觀音菩薩的化現。那若巴尊者預言，未來將有一位瑪爾巴傳承的法嗣把紅觀音法帶到西藏。岡波巴將紅觀音法傳授給杜松．虔巴——第一世噶瑪巴，紅觀音法成為噶瑪噶舉的重要法門。【中譯補注】彼德．亞倫．羅勃茲在《惹瓊巴各版傳記》中提到，第九世大司徒仁波切貝瑪．寧傑．汪波（Pema Nyinche Wangpo, 174-1853）在紅觀音本尊法灌頂法本中說明，惹瓊巴總共得到此法的三種傳續：悉達．惹姫尼的空行母文字教本傳續、尼泊爾上師蘇瑪提克提（Sumatikirti）的

梅紀巴教本傳續，和釀惹・米覺・多杰（Nyangral Mikyö Dorje）的寧瑪伏藏法教本傳續。

⑦空行母可分為人身和非人身兩類。人身空行母是已經開悟的女修行者，非人身空行母則是智慧尊者，在適當的時機出現以幫助修行者。在惹瓊巴的一生，受到兩位證悟境界極高的人身空行母的幫助：一位是傳授無量壽佛為他延壽，並授予他噶舉傳承重要法教紅觀音法的希達・惹姬尼；另一位是為他更正無相空行母法教譯本的巴瑞瑪。

⑧【中譯補注】《協巴多杰之生平與道歌》（*The Life and Songs of Shepay Dorje*，藏文 *bzhad-pa'i rdorje'i rnam-thar mgur-mchings dang bcas-pa*），（作者未記名，出版年代大約是十四世紀）提到巴瑞瑪審察法本時，時而喜悅，時而嘆氣，感慨惹瓊巴不懂語言是一大缺憾，因為幾位譯師可能出於忌妒，把重要的教授完全遺漏了。但是，她仔細地加以編校，除了改正翻譯上的錯誤之外，也把遺漏的部分補足。

第三章

密勒日巴調伏惹瓊巴[1]

惹瓊巴帶著傲慢心返回西藏

惹瓊巴三訪印度返回西藏時，密勒日巴正在札瑪瓊隆地區的一個山洞中閉關。有一天，當他在山谷中禪修時，心中起了一個念頭：「我的弟子惹瓊巴去印度很久了。他什麼時候會回來？他好不好？」於是，他安住在三摩地的定境中觀察情況。他在淨觀中看到惹瓊巴以一座明亮、璀璨的水晶舍利塔的瑞相返回西藏，這代表他得到了法教。這璀璨的明光愈來愈接近西藏邊界了，但是突然之間，當惹瓊巴遇見一位外道咒師時，舍利塔的明光變成一股砂石滾滾的暴風。

密勒日巴心想：「糟了！發生障礙了！」於是，他決定非出關不可。他從札瑪瓊隆飛到西藏的娘囊地區。密勒日巴落地時留在岩石上的腳印，至今依然清晰可見。

進入西藏之後，惹瓊巴經貢塘（今吉隆縣）地區，然後到達一個空曠的大草原區，名爲帕莫巴塘。密勒日巴到這裡來和惹瓊巴會面。在這片大草原上，他們可以看到對方遠遠地走來。惹瓊巴心想：「我已經到過印度三次了，遇見許多諸如帝布巴的大師。這次，我從這些大師那裡得到非常殊勝的禪修法教，所以，今日的我已經大不同於去印度之前的我了。」惹瓊巴因此感到非常驕傲，尤其是當他想起密勒日巴曾說過這些無相空行母法教極其殊勝與重要時，他更感驕傲。他自詡：「現在，我是這些法教的持有者了！」因此他開始揣測密勒日巴是否會直接迎上前來，他的結論是：「是的，他很可能會直接走到我面前來。」

密勒日巴看到惹瓊巴朝著他走來，心想：「不妙！他變得非常驕傲，這不是好現象！」所以，他停下腳步，在一塊大圓石上坐下。當惹瓊巴走到面前時，他開口，淡淡地說：「嗯！你從印度回來了，很好！但這沒什麼了不起，因爲印度所有成就者和空行母都前來見我、向我求法。所以，你應該向我頂禮，以恭敬心對待我。」臨行前，帝布巴送給惹瓊巴一支檀香木的手杖，所以，惹瓊巴就恭敬地把手杖供養密勒日巴，然後向他頂禮。頂禮時，他心想：「我已經先向他頂禮了，現在，他可能也會向我頂禮回應。」可是，密勒日巴只是文風不動地坐在那裡，沒向他頂禮。因此，惹瓊巴覺得有些懊惱，心想：「他對我不好！」接著，他問密勒日巴：「我在印度這段期間，您好不好？其他的瑜伽士們都好嗎？您的身體好嗎？您去過哪裡了？」

密勒日巴心想：「哎！他眞的變得很傲慢！這都是他向那位咒術師學咒術造成

的。」密勒日巴開始大笑，爲惹瓊巴唱了一首證道歌。在這首歌中，密勒日巴說他已經淨除自心的五毒。他很健康，且已超越業果，因此全然自在。他具有完美的健康，而且由於瑪爾巴的慈悲，他已證知輪迴和涅槃都只是心，因此他完全沒有任何問題或困難。其他瑜伽士們都很好，都在深山中潛心禪修。

然後，密勒日巴問惹瓊巴說：「你的印度之行如何？是否得到很好的法教？」惹瓊巴回答說：「是的，我得到很好的法教！」密勒日巴接著問說：「你是否毫無傲慢心地由印度帶回這些法教？」惹瓊巴說：「我得到了您非常重視的無相空行母法教，爲了讓其他人都能尊重這些法教並認識它們的重要性，請您務必以大恭敬心看待這些教本，把它們當作是非常有價值的寶。」接著，他就把由印度帶回來的教本交給密勒日巴。

爲了破除惹瓊巴的傲慢，密勒日巴拿起這些教本和帝布巴送的檀香杖，以飛快的速度奔跑而去。惹瓊巴在他身後緊追，但總跟不上。最後，他對密勒日巴唱「多哈」，表達追趕的辛苦和困難。

於是，密勒日巴停下腳步，坐下來，回唱一首證道歌。然後，他們一起走在路上。走著、走著，惹瓊巴的心中又起了妄念：「我從印度帶回來這麼多殊勝的法教，要是換成其他的上師，我必定會受到非常熱烈的歡迎和最高的禮遇。但是，我的上師什麼都沒有；除了這個瘦弱的身體和一身破舊的衣服之外，什麼都沒有！所以，我能期待這樣的上師給予我什麼樣的接待呢？」接著，他又想：「既然我從印度帶回這些法教，我怎麼能在這種貧困、匱乏的環境中修持呢？我必須在物質充裕的優雅環境中禪修。」

犛牛角

密勒日巴知道他升起這些不好的念頭，所以當他看到草原上有一支犛牛角時，他就叫惹瓊巴把它撿起來帶走。惹瓊巴心想：「我這位上師，平時總是說我們不應該擁有任何財物或財富，但自己卻執著這一支小小的犛牛角。」他對密勒日巴說：「這犛牛角不會有什麼用處，我們還是不要算了。」

可是，密勒日巴說：「這支犛牛角很好。我們不應該對它產生任何執著，不過它可能會很有用。」所以，惹瓊巴就把這支犛牛角撿起來，繼續走在這片平坦、荒涼的帕莫巴塘草原上。這片大草原上，一片空曠，幾乎什麼都沒有，連遮風避雨的地方都沒有。

突然之間，天氣大變，烏雲密布，開始下起大冰雹，還颳起一陣狂風。惹瓊巴覺得很冷，自顧不暇，沒時間去注意密勒日巴在做什麼。他逕自停下腳步，用棉袍蓋住身體，但還是覺得很冷。開始下冰雹時，他四處張望，卻看不到密勒日巴的蹤影。他隱約聽到一個聲音由犛牛角傳出來，好像是密勒日巴的聲音，但是他左看、右看，就是看不到密勒日巴的蹤影。最後，他再看看那支犛牛角，想：「我最好把這支犛牛角帶著，因爲密勒日巴要這支犛牛角。」但是，當他要把它撿起來時，犛牛角竟然沉重得讓他拿不動。他朝犛牛角裡面一看，密勒日巴赫然坐在裡面。

密勒日巴非常舒適地坐在那裡，而且空間極爲寬敞。他既未變小，犛牛角也沒有變大；然而，他十分舒適。他對惹瓊巴說：「有本事的話，你也進來吧！這裡面很舒服，既沒有冰雹，也沒有風。」惹瓊巴心想：「是啊！我不妨也進去躲一躲！」可是，他連手都伸不進去犛牛角。但是，這並沒有讓他對密勒日巴產生虔信心，他只想到：「我不知道密勒日巴修的是哪一種咒術，不過，我確實曉得他非常善於製造冰雹。」

接著，太陽又露臉了。這時，惹瓊巴的棉袍已經濕透了，所以，他把棉袍攤在地上晾曬。密勒日巴開口對他說：「你實在不須要跑這麼遠的路去印度學咒術，因爲我知道咒術，你可以向我學。雖然那洛六法和大手印讓我深感滿足而不想去印度，但是，你能去印度求得無相空行母的法教是非常好的事。」惹瓊巴接口說：「可是，我又餓又冷！我們去討一些食物吧！」密勒日巴卻說：「現在不是去乞食的時候，現在是禪修的時候。」惹瓊巴回答說：「飢餓的時候就是乞食的時候啊！我現在餓了，所以，現在是乞食的時候！」

老婦人

草原上有幾戶遊牧人家。由於草原上的氣溫非常冷，他們就朝那些人家走去。惹瓊巴說：「我們應該向住在小帳棚中的小家庭乞討。」密勒日巴則說：「不，他們不會給我們任何食物。不過，如果你打算去那裡行乞，那你就去吧！」所以，惹瓊巴就去那頂小帳棚的人家，一位老婦人出來趕他走：「你們這些瑜伽士，早也來、晚也來。你們什麼事都不會做，只會討食物吃。今天早上我已經把食物給光了，沒有東西可以給你了。走開！」密勒日巴對惹瓊巴說：「我想，今晚我們還是不要吃比較好。我們最好現在就走，好好睡一下。」於是，他們走到離營地不遠的地方，躺下來睡覺。半夜裡，他們聽到營地裡傳來一些聲響和喊叫聲。第二天早上，他們發現所有的人家都走掉了，只剩下那位老婦住的犛牛皮小帳棚。

他們回到那頂小帳棚探個究竟，發現那位老婦人已經死了，而帳棚中有許多鮝巴、乾酪和奶酪。密勒日巴說：「這就是無常！昨晚，她不肯給我們任何食物，今天卻留下這一堆食物讓我們吃。」分好食物之後，惹瓊巴建議先吃一些，把剩下的帶走。然後，惹瓊巴說：「我們走吧！」密勒日巴不同意：「不行！我們吃了亡者的食物，現在，我們必須為亡者做一點事。你把屍體扛到那邊去。」惹瓊巴大叫：「唉呦！這具屍體又髒又噁心！」可是，他沒有選擇的餘地，只能忍著厭惡把屍體扛到密勒日巴指定的地方。然後，密勒日巴為死去的老婦人修遷移意識的頗哇法②。

惹瓊巴取水觀野驢、密勒日巴焚燒無益教本

爲老婦人修完頗哇法之後，密勒日巴說：「現在，我們應該去岡底斯山或拉齊雪山之類的地方，與世隔絕，好好禪修。」惹瓊巴抗議地說：「不要！我很累，體力又很衰弱。我們應該去有人的地方，我須要好好休息。依我現在的狀況，根本不能去杳無人煙的地方。」所以，密勒日巴就依照惹瓊巴的要求，去有人居住的區域。然後，惹瓊巴又說：「現在，我們必須找一位好功德主來照顧我們。」密勒日巴則說：「不行！我們應該去我們見到的第一頂帳棚，找我們完全不認識的人家化緣。」於是，他們就照著這麼做。接著，密勒日巴吩咐說：「現在我需要一些水，你去取水，我來升火。這附近有水，過去很遠的地方也有水。但是，這附近的水不適合我，對我的健康不好，所以，你去幫我取遠處的水。」

惹瓊巴依照密勒日巴的吩咐，去遠處的山谷取水。那是一個狹窄的山谷，但是，走著走著，景觀突然開始改變，狹窄的山谷轉變成了平原。接著，有一隻小野驢（藏文 kyang，「羌」）走過來，生下一隻小野驢；但是，才一眨眼的功夫，這隻新生的

小野驢也生了一隻小野驢，那隻小野驢也生了一隻小野驢……，如此，一隻生一隻地，很快就有一百隻野驢互相追逐，玩耍在一起。惹瓊巴看得入神了：「真是奇觀！野驢通常生長在草原中，而不是充滿懸崖和森林的峽谷，而且，牠們的繁殖速度通常不會這麼快。」他津津有味地觀看這番景象，直到一隻狼出現，所有的小野驢都急奔而去。惹瓊巴猛然想起：「唉呀！我已經來大半天了，光顧著看這群小野驢，連水都還沒取。我得趕緊取水回去，否則密勒日巴會生氣！」

當時，密勒日巴一直在禪修，向空行母祈請。他把惹瓊巴收藏無相空行母法教的法本盒子放在那裡，請求出現在他面前的空行母，把含有無相空行母法教的法本拿在她們手中，同時把邏輯和黑咒術的教本丟在地上。隨著他的祈請，空行母法教的法本突然往上飛，其餘的掉落在地。接著，密勒日巴拿起掉在地上的教本，投入火堆之中。

在回來的路上，惹瓊巴聞到紙張燃燒的味道，心想：「奇怪，我爲什麼會聞到紙張燃燒的味道呢？」回來之後，他發現放法本的盒子空空如也。他立刻想說：「我的上師忌妒我！我去過印度，開展了這麼多上好的功德，學會這些殊勝法門的口訣，他忌妒我，把我的法本燒掉了！」他氣急敗壞地質問密勒日巴：「我的法本呢？」密勒日巴淡淡地回答說：「你去了那麼久，我以爲你永遠都不回來了，我以爲你可能已經死了！我只是一個禪修者，對我來說，法本只是一種讓人分心和造成障礙的東西，所以拿來升火了。」

惹瓊巴懊惱極了！「我可以回帝布巴那裡，或到西藏各地雲遊。我不要再和密勒日巴在一起，完全沒有意義！」他失去對密勒日巴的一切信心。他對密勒日巴說：「這樣一來，我們所做的一切完全都是白費工夫，我們湊到的黃金、我去印度的艱苦、我求得這些法教的辛勞，完全都沒有任何價值了！我再也不要留下來了！我要離開，我要到西藏各地去遊歷！」密勒日巴說：「你不須要對我失去信心。我知道你看那些小野驢看得很高興，但牠們只是動物而已，並不是眞正值得你觀賞的東西。我讓你看一些眞正值得看的。」

密勒日巴顯現神妙成就相

於是，爲了讓惹瓊巴生起對正道的信心，密勒日巴的頭頂上出現了一頂寶座，瑪爾巴安坐在寶座上。他的右耳邊有太陽，左耳邊有月亮。鼻孔放射出璀璨的五色光；舌頭上出現一朵八瓣蓮花，花瓣上有梵文子母音的字母；心中則出現了代表永恆的如意結，燦爛莊嚴。接著，密勒日巴以道歌說明這些莊嚴妙相的意義。這首道歌相當長，和其他道歌一樣，以禮敬瑪爾巴大恩師起頭。接著說明左右兩耳旁的日月，代表方便和智慧雙運的光明相；鼻孔放射出五色光，是因爲他已經全然控制體內諸脈的精微風，脈氣已經趨入中脈；心間展現如意結，代表他已經證得佛陀的圓滿智慧心。這些殊勝的現象具有深遠的意義，才是眞正値得觀看的！野驢的景象只不過是遊戲罷了！

雖然密勒日巴特別爲惹瓊巴唱這首證道歌，但是惹瓊巴完全不爲所動，對密勒日巴的信心並沒有因此重新升起。惹瓊巴說：「如果你眞的是這麼偉大的喇嘛，那你就用大神通力把我的法本還回來，否則，我還是一樣生你的氣！」十分傷心、不滿的惹瓊巴，只是坐在那裡，一隻手肘撐著膝蓋，頭倚著手心，一邊對著自己吹口哨，一邊晃腳，一副滿心不悅的模樣。

密勒日巴再次顯神通，把身體變成透明，示現安住在他心輪的勝樂金剛（或稱爲上樂金剛）、安住在他臍輪的喜金剛、安住在他喉輪的大威德金剛，和安住在他頂輪的密集金剛。他好意地說：「看呀！這才是眞正值得看的神通！」惹瓊巴只是說：「這確實是很好的神通，可是，我還是很不滿你燒掉法本的事。」

接著，密勒日巴又爬到附近一塊巨大的岩石上，坐在上面，把它當馬來騎。他騎著巨石反覆奔馳，最後飛入空中，身體同時射散出水和火。他又爲惹瓊巴唱一首歌，說：「我的身體射出火焰，是已證得大漏盡（一切惡業皆已完全淨除）之三摩地的象徵。」惹瓊巴仍然不爲所動，說：「現在，你的神通變得像小孩子玩遊戲，只會讓我覺得很煩。我要我的法本！把法本還給我！」

爲了繼續調伏惹瓊巴，密勒日巴展開衣袖，如同靈鳩般地翱翔在空中。有時，他往下直落，有時往上急升。同時又爲惹瓊巴再唱一首多哈，告誡他要捨棄對世間法的貪戀，要勤觀心性以調柔我執和我慢；此外，只有少數人能如他一般飛翔，而飛翔的能力源自於法的力量。然而，惹瓊巴連看都不看一眼。於是密勒日巴愈飛愈高，最後消失在視線之外。

惹瓊巴的悔悟

惹瓊巴終於抬起頭來，發現他的上師已經杳無蹤影。這時，他猛然覺醒：「唉呀，我的喇嘛顯然已經飛去淨土了！我沒有上師了，怎麼辦？我對他失去信心，我對他不好，但他眞是殊勝難得的好喇嘛！現在，他去淨土了，我又去不了淨土。我再也無法追隨他了，怎麼辦？我眞是瘋了！我怎麼會犯這麼大的錯誤？」

惹瓊巴懊悔極了，心想：「我還是自殺好了！」於是，他跑到懸崖盡處，縱身往下跳，但是他的身體降落得非常緩慢，而且他可以感覺到、聞到密勒日巴就在近處。當他由崖底往上看時，他不僅看到密勒日巴——他看到三個密勒日巴站在懸崖的頂端。他請求密勒日巴原諒他：「我要懺悔，我錯了！請原諒我，請給予我法教！」

三位密勒日巴同時回答：「但是，你要向哪一位密勒日巴懺悔？你是對哪一位密勒日巴有信心？你要請求哪一位密勒日巴給予你法教？」

惹瓊巴回答說：「我要向中間那位密勒日巴懺悔，我完全信任他，並請求他給予我法教！」

就這樣，惹瓊巴隨著密勒日巴回到山洞中。密勒日巴對他說：「我派你到印度去求取這些殊勝的法教，但是你同時也學了咒術。沒有任何人的咒術比我的更厲害，但是，我曾經因爲使用這些咒術而造作極大的惡業，歷經許多苦行之後才清淨了自己。所以，我決定放棄咒術，一心求取和修持可以帶來佛果的法教。我希望你這一生就達到佛的果位。我擔心你會因爲這些法本而成爲咒師，或成爲只依照法本教學而不實修的人。因此，我把關於咒術和邏輯的教本燒毀了。可是，我並沒有燒毀無相空行母法教的教本。」

接著，密勒日巴持誦一段祈請文，無相空行母的法本就由岩石的縫隙中出現，自行掉落下來。看到這個景象時，惹瓊巴心想：「我的喇嘛確實是佛，我一定要留在他身邊，並實修他的法教。我要侍奉他十二年，我要領受他的法教十二年，我要隨著他實修十二年。」於是，他立下堅定、毫無保留的誓願。

以上是密勒日巴如何淨除惹瓊巴升起傲慢心的故事③。這則故事告誡我們，在世俗生活和修行道上都要避免傲慢心。在修行道上，傲慢心讓弟子無法開展對喇嘛（上師）的信心和虔敬心，因而無法眞正契入實修。所以，我們必須剷除諸種心毒以開展信心和虔敬心，才能在實修上有眞正和良好的進展。

總之，惹瓊巴前往印度，得到非常殊勝的無相空行母法教，但是卻違反師意學習邏輯與黑咒術，因而升起傲慢的障礙。爲了淨除這項障礙，密勒日巴展現各種神通，並燒毀惹瓊巴帶回來的邏輯與黑術教本。傲慢是非常嚴重的障礙，但通常不會在我們遇到困境或痛苦時現起，而通常在一切都很順利時產生。當我們遇到困境或遭受痛苦時，隨之生起的通常是忿怒或愚癡之類的煩惱。惹瓊巴就是在一切似乎都很順利的情況下，產生極大的傲慢心。密勒日巴慈悲的收攝力，讓他重新回到修行的正軌。

【注釋】

①【中譯注】密勒日巴出關去迎接惹瓊巴的故事，收錄在張澄基譯《密勒日巴大師全集．歌集下》〈第三十八篇：牛角的故事〉和〈第三十九篇：惹瓊巴的悔悟〉。

②頗哇法的修持可分為兩大類：第一類是往生者生前即修持此法，所以能在臨終時修持此門，將自己的意識遷往有緣的淨土或其他善道。第二類是由有成就的上師為亡者修持，藉由上師的慈悲力和法的真諦力，幫助亡者往生有緣淨土或善處。

③創古仁波切補充說，傲慢的問題在東、西方都有，而且在達到不退轉的地步之前，隨時都可能在修行道上升起。惹瓊巴就是一個很好的例子，他是資質很特別的弟子，修行也進展良好，但是由印度求得法教回來之後，他產生傲慢的障礙。因此，傲慢心是修行者必須時常檢視、即時加以對治的障礙。對治傲慢心的方法很多，觀照自身的缺點是很基本的方法。觀修「無我」是另一種方法，瞭解一切事物都沒有真實的存在性之後，傲慢心自然就會減弱，最後消失。此外，觀修本尊法是非常好的方法，在生起次第中，修持者觀想自己就是本尊，具足本尊身、語、意的一切功德，這稱為「佛慢」。例如，當你修持的本尊是四臂觀音時，你觀想自己就是四臂觀音，具足四臂觀音的一切功德，這稱為「佛慢」。「佛慢」是清淨無染的，相對於五毒沾染的「我慢」。隨著修持的進展，修持者會慢慢習於清淨的「佛慢」，逐漸取代「我慢」。

第四章　惹瓊巴三違師命

從印度取得無相空行母法教的惹瓊巴，由於返鄉途中修學咒術而升起慢心，經過上師慈悲調馴之後，他的傲慢心得以淨除，對上師的信心因而更深、更堅定。師徒兩人於是一起回到山中修行，惹瓊巴以萬分虔敬的心侍奉密勒日巴。

惹瓊巴與望月行者

當時，有一些西藏人稱爲「娘瑪」（藏文 nyama）的在家修行者，經常到密勒日巴那裡參訪。「娘瑪」一詞即緣起於「娘岡」（藏文 nya-gang）——藏曆每月的十五日，太陽與月亮處於相對位置，月相圓滿的日子，即圓月、滿月或望月日。「娘瑪」平常從事工作和世俗活動，但每逢藏曆十五日，月相圓滿的那一天，便去拜見上師、領受法教和做實修。

密勒日巴和惹瓊巴回來之後不久，這些望月行者說：「惹瓊巴被派到印度去求取特殊的法教。現在，他回來了，必定已經得到這些特殊的法教，聽說也得到邏輯辯論的法教和大能力。」所以，他們要求惹瓊巴講述他的經歷。惹瓊巴以一首歌作答，他唱道：

我乃一介有福人，值遇我師密勒佛，得受口傳勝教誡，
復得無相空行法，且常思惟正知見，修持禪定與戒行。

密勒師尊對我言：空慧合一不二見，方是究竟正知見。
然而師尊特告誡：只具知見哲理觀，只達語言文詞義，
實乃虛幻之戲論，並非了悟眞實義。

爲求知見眞實義，應當直證己自心，而得解脱煩惱縛。
有此直證覺受後，可於知見得確信。

禪修必須有明分，無有執著與依戀，住於穩定平和心。
然而尊者特告誡，切莫沉迷定靜受，定靜自身非解脱，

當於禪定修持中，由定入明五智升。
心陷昏沉掉舉時，五種智慧不能升，故當剷除此二過。
覺性覺知具足時，禪修自離執著纏。
爲免落入非法行，見修行當常相應；恆常自覺與自律，
行止了無執著染，清淨無比妙戒行。
修持善兆升起時，當要自知自警惕，切莫歡喜起執著；
執著善兆菩提障，爲證菩提道果故，當勤除此煩惱障。

密勒日巴也聽到了這首道歌。之後，他告訴惹瓊巴說，他前往印度求取甚深的法教並帶回西藏，這是非常好的事，未來能利益許多的眾生。接著又說，惹瓊巴把從印度帶回的無相空行母法教傳給他的時機成熟了。惹瓊巴問他是否也想要悉達・惹姬尼

所傳的長壽法。密勒日巴說：「我已經是老頭子了，不須要修長壽法！倒是你還年輕，應該好好善用悉達・惹姬尼傳給你的這個法。雖然我個人不須要修持這些法教，但如果你能把全部的法傳給我，讓這些法教納入傳承，那將是很好的事！」於是，惹瓊巴把無相空行母和長壽法的法教悉數傳給密勒日巴。後來，密勒日巴又把這些法傳給岡波巴，這些法教因此不斷地傳續下來。

惹瓊巴繼續留在密勒日巴身邊，虔誠地侍奉他，與他不可分離。

有一天，密勒日巴唱了一首歌，說岡波巴即將前來見他，且岡波巴未來將能利益許多眾生。不久之後，岡波巴果然抵達，密勒日巴傳授他許多禪修法教。

密勒日巴為三位弟子解夢與授記

有一天，密勒日巴指示岡波巴、惹瓊巴和另一位瑜伽士惹巴・息沃（Repa Shiwao）等三人，當晚要祈夢，隔天早上再來向他報告夢境，他將為他們解析夢境。

第二天早晨，惹巴．息沃首先到來，很高興地報告說：「昨晚我做了一個非常好的夢！我夢到太陽由東方升起，然後融入我的心中。」之後，惹瓊巴來了，他說：「我做了一個夢，但我不知道其中的意義是什麼。我夢到我去了三個山谷，在每個山谷中都非常大聲地喊叫三次。」岡波巴最後到，顯得非常沮喪，他說：「我做了一個非常糟的夢！」但是，密勒日巴說：「你先告訴我你夢見什麼，我再告訴你那是好還是壞。」所以，岡波巴報告說：「我夢見我殺死各式各樣的人，而且我到處去把人家的頭砍下來，還做出其他好多恐怖的事。這個夢非常、非常不好，請您教導我一些如何清淨自己的法門！」此時，密勒日巴握著他的手，告訴他說：「這是一個非常好的夢！我對你抱很大的期望，看來，事情將如我期望一般地發展。未來，你將對佛法事業有極大的貢獻，你會有許多弟子，而且你將會是我的主要弟子。」

然後，他解釋說惹巴．息沃的夢不是很好，「這顯示你的動機非常狹隘，菩提心不夠，你只具有聲聞（梵文 shravaka，或稱為「舍羅婆迦」）的動機。夢見太陽融入你的心中，表示你的修行將進展得非常好，但是，你將不會利益他人。你現在對任何人都沒有很大的利益，未來你也不會利益許多人。但是，你將會去淨土。」

至於惹瓊巴的夢，他說去到三個山谷並分別大叫三聲，表示他將違抗上師三次。「我告訴你不要去印度，但你還是非去不可。我告訴你不要學習邏輯和咒術，但你還是學了。看來，你還會再違抗我一次。在未來世，你將成為一位非常偉大的上師，成為許多人的善知識①。」

密勒日巴曾經得到金剛亥母的授記，口授傳承的法教如同珠寶，這珠寶在密勒日巴的心中；如果密勒日巴把這珠寶由心中取出，放在多杰．札巴（即惹瓊巴）的頭頂上，將會帶來極大的成果。於是，密勒日巴把口授傳承法教傳給惹瓊巴。之後，惹瓊巴把這些法教傳給岡波巴和其他弟子。密勒日巴也把上樂金剛三輪口傳教誡的長、中、短軌，傳給惹瓊巴、岡波巴和一位名為明仲．惹巴的弟子。

惹瓊巴與世間八法

密勒日巴的許多弟子認為惹瓊巴非常特別，因為他不僅到過印度三次，而且得到許多非常殊勝的法教。所以，在弟子群中，惹瓊巴備受尊敬。密勒日巴因此告誡惹瓊巴，不要執著得、失、譽、毀、稱、譏等世間八法，而為八風所動②。他說有名氣是不錯的事，但八世法的影響會隨著名氣而增長。所以，每一個人都應以適切的態度對待所受的尊重，慎防傲慢心的升起；同理，我們可以享用美食，但八世法的習氣可能隨之而升。由此可見，修行者應謹慎觀照自心。

密勒日巴說：「如果外在的感官欲樂能對修行有利益，那當然是很好；可是如果增長了八世法，那就是不好的現象。」密勒日巴又說：「瑪爾巴教導我要避免八世法，遠離感官欲樂地修行。所以，我一直遠離外在欲樂地修行，因而能開展了一些功德。」他告訴惹瓊巴說，如果他也能遠離八世法地修行，他的修行必然也會有很好的進展。

有一天晚上，惹瓊巴夢見帝布巴身上帶著骨莊嚴地跳著舞，並給予他禪修法教。醒來之後，他心想：「我應該再回印度去見帝布巴。」所以，他去見密勒日巴，告訴他這個夢，並說：「我想我應該回印度，請允許我這麼做。」但是，密勒日巴回答說：「你沒有必要回印度，你最好還是留在西藏。西藏得到許多大學者和大成就者的加持，所以你應該留下來，安心地修行。佛法是必須付諸實修而內化的，因此你應該往內求，努力實修。如果你只是四處遊歷，不斷地做文字層次的學習，你的心會愈來愈狂野。你會開始認爲自己是大班智達、是大成就者等，你會變得狂傲無狀。」

惹瓊巴聽從了密勒日巴的勸導，打消再度前往印度的念頭，留在密勒日巴身邊繼續實修。然而，弟子眾和望月修行者們，仍然認爲惹瓊巴非常特別，因爲他去過印度許多次；在他們的心目中，惹瓊巴甚至比密勒日巴更爲重要。

惹瓊巴離開上師前往衛地

平時，密勒日巴和惹瓊巴住在不同的山洞中。有一天，很多人去看惹瓊巴，供養許多非常精美的食物。惹瓊巴心想：「哇！他們給我這麼多這麼好的東西，他們供養密勒日巴的必然更多、更好。我去看看他的好東西！」於是，他去見密勒日巴，說：「功德主帶了許多食物來，也許，我們可以爲大家做一個薈供。」

密勒日巴說：「好啊！這是個好主意。」

密勒日巴把他的食物放在一個石頭箱子中。他告訴惹瓊巴：「我的食物在那裡面。」惹瓊巴走過去一看，裡面的食物竟然都非常不好。看到這景象時，惹瓊巴感到很難過：「大家對待我比對待密勒日巴好，可是我絲毫不具有他的任何功德。看來，我是應該離開這裡，我的存在顯然對他不利，我怎麼能繼續留在這裡當他的侍者呢？我還是去衛地（西藏中部）或其他遙遠的地方比較好。」所以，他告訴密勒日巴：「我要去衛地，請允許我前去。」但是，密勒日巴叫他不要去衛地，因為他仍然有禪修的法教要傳授他。

密勒日巴以一首歌作答：

有時我於夢中做修持，故我持有化昏鈍為光明之口訣，
除我之外無人有此訣，得修此訣對你也有益！
有時我於食中做修持，故我持有以飲食為薈供之口訣，
除我之外無人有此訣，得修此訣對你也有益！

有時我於行中做修持，故我持有以行走爲朝聖之口訣，
除我之外無人有此訣，得修此訣對你也有益！
有時我於作中做修持，故我持有諸行皆爲法性之口訣，
除我之外無人有此訣，得修此訣對你也有益！

總之，密勒日巴認爲惹瓊巴最後還是要留在他身邊，領受這些禪修法教，然後努力付諸實修。然而惹瓊巴堅持要離開：「我眞的必須去衛地，我想去拉薩朝聖繞行、到桑耶寺參拜，也想去瑪爾巴的家鄉洛札克看看。」

密勒日巴回答說：

若能觀修上師即是佛，繞行拉薩有何益？
若想觀事物，何不觀自心？
若能觀自心，朝謁桑耶有何益？

修持耳傳妙口訣，能斷一切疑慮與迷謬；

若能斷疑謬，瞻仰瑪巴舊居有何益？

因此，他覺得惹瓊巴最好還是留下來繼續禪修，去遙遠的地方對他毫無益處。然而，惹瓊巴繼續堅持他眞的必須去西藏中部。最後，密勒日巴只好說：「如果你非去不可的話，那你必須先得到我的法教，然後做一次四十天的閉關。」

密勒日巴給予惹瓊巴金剛亥母的灌頂和實修法教。灌頂時，惹瓊巴感覺到勝樂金剛確實示現在面前，手持寶瓶，爲他灌頂。如此，他得到金剛亥母十五本尊、七本尊、五本尊和單一本尊等修持法的灌頂。得到這些灌頂、口傳和解說之後，他閉關實修這些法。之後，他決定動身前往西藏中部。密勒日巴說：「你已經得到這些法教了，你應該好好保有和維護。其實你不應該現在去衛地，理想的時機還沒到。你最好還是留下來，但是如果你堅持要去，那麼在離去之前，你必須先繞行你的山洞，同時要做一百次大禮拜和獻曼達。」密勒日巴的允許讓惹瓊巴興奮不已，因此忘記做繞行、大禮拜和獻曼達。

密勒日巴送行授記

密勒日巴警告惹瓊巴說：「到衛地時，你會被一隻母狗咬到腳。」密勒日巴也告訴他說有一位尼泊爾大師叫做阿肅，持有大手印八法的法教。密勒日巴允許惹瓊巴向阿肅大師學習這些法教。他說：「你應該去向他學習這些法教，這是很好的事。這些法教和我教你的應該是一樣的，所以你可以放心地學習和修持這些法教。」

密勒日巴送惹瓊巴上路。密勒日巴坐在一塊岩石上，等待惹瓊巴回頭看他。但是，惹瓊巴只是往前直走，並未回頭看密勒日巴。密勒日巴心想：「他沒有回頭看我，這表示他的信心不足。」於是密勒日巴變現了七個強盜，隱藏在前方，等著惹瓊巴抵達。當惹瓊巴抵達該處時，這七個強盜出現了，兇狠地威脅他：「我們要打你、搶走你的東西，然後再把你殺了！」

面對這七個強盜時，惹瓊巴猛然想起密勒日巴吩咐他要繞行山洞，並做一百次大禮拜和獻曼達的事。他心想：「我忘了上師的吩咐，所以，現在障礙發生了！」他立刻閉上眼睛，觀想密勒日巴安坐在他的頭頂，然後他向密勒日巴祈請。周遭突然變得非常寂靜，當他睜開眼睛時，看到的並不是原先那七個強盜，而是七位瑜伽士。這些瑜伽士問他：「你是誰？你從哪裡來？你的上師是誰？你修持什麼法？」惹瓊巴心想：「他們不是尋常的瑜伽士，他們必定是我上師的化現。」

他平靜地回答說他的上師是密勒日巴，他要去西藏中部，他得受過氣脈方面的法教③。然後，密勒日巴本人親自出現在他面前，說他是一位好弟子，他的三昧耶戒持守得非常完美，對上師具有不變的信心。他祝福他一路平安，並再給予他一些法教。之後，惹瓊巴才上路前往衛地。

【注釋】

①創古仁波切解釋說，惹瓊巴在三個不同的山谷中分別大喊三聲，表示他此生當中將違反上師訓示三次，也表示來世他會轉世為大學者三次。此外，雖然他違反上師的訓示三次，但是他並沒有破金剛三昧耶戒。

②世間八法（藏文 'jig rten chos），或稱為「八世法」、「八風」，是一種執著的形式，和「一味」正好相反。八世法是四種對立的煩惱組成的：⑴「得」到欲求的東西時感到歡樂，「不得」或「失去」時則感到鬱悶不樂；⑵享有美「譽」時感到歡樂，受到「毀謗」時則鬱悶不樂；⑶受到「稱讚」時感到歡樂，受到「譏諷」時則鬱悶不樂；⑷遇見「快樂」的境遇時感到歡樂，遇見「痛苦」的境遇時則鬱悶不樂。

③氣脈的修持，必須具有堅穩的知見和甚深的禪定基礎。

第五章

惹瓊巴傳法收徒

惹瓊巴為老婦人說心性

一位老婦人請求惹瓊巴開示佛法，於是惹瓊巴為她唱了一首關於心之本性的道歌。在這首道歌中，他以虛空、日月和山說明心的本性。首先，他說心是空性，如同虛空一般，但是不同於虛空，因為虛空沒有覺性，而心具有覺性，所以心不僅是空的，而且是明的。接著，他以日月為例說明心的明性，但日月是實質的物體，而心不是；此外，日月會改變，心則全然穩定和不變。再接下來，他以山為例，說明心如山一般，穩定不變，但又不同於山。

心之本性為空性，宛如虛空一般樣；
雖以虛空為譬喻，然心不同於虛空。
虛空了無覺性故，虛空空蕩無一物；
然心宛然具覺性，故心是空亦是明。

或說心如同日月，本來即具光明性；
雖以日月爲譬喻，然心不同於日月。
日月乃具體之物，而心非具體之物；
復次日月有變易，然心穩定不變易。

或說心如同大山，大山穩定不變易；
雖以大山爲譬喻，然心不同於大山。
大山石土堆聚成，而心非爲和合物；
心是空性與明性，而且穩定不變易。

惹瓊巴說，如果這位老婦人能依照這種方式禪修，那將是很好的事。老婦人對惹瓊巴升起信心，要求他到她家去。到了老婦人的家之後，她的丈夫也感到對惹瓊巴有信心，要求他說法結緣。於是，惹瓊巴爲他唱了一首證道歌。在這首歌中，他說他住在山洞中，衣食都很粗糙，都是隨緣而安。他現在只是一邊朝聖，一邊修持他得自上師的各種法教。

老夫婦對惹瓊巴說他們沒有兒子，但是非常富有，如果他願意的話，可以留下來當他們的兒子和老師。同時，供養他一顆非常特殊的大綠松石。但是，惹瓊巴說，長期留在他們身邊並沒有意義，因爲他們將會發現他沒有任何內在的善德，只會覺察到他外顯的缺陷。

當惹瓊巴準備離去時，有一位大上師前來的消息已經在村中傳開了，許多人聚集在一起，要求他給予開示。

惹瓊巴爲他們唱一首淺顯易懂的道歌，說明輪迴之苦、苦因和對治的善因，並鼓勵他們勤修佛法。他說：

天道田園農地上，莊稼即種即成熟，天人無勞即有食；
並非天人善耕作，往昔布施積功德，故當勤奮種福田。
地獄眾生奇異相，刀劍所傷即復原，砍殺喪命即復活；

並非地獄有良醫，往昔造惡果成熟，故當修忍避瞋心。

餓鬼之道諸有情，食後即感飢餓苦，口腹永無饜足時；

並非餓鬼有巨胃，往昔貪婪慳吝習，故當慈誠常供施。

如今具有大福德，得聞思惟與修持，佛陀所傳正法教，

往昔即已親近過，故當及時勤修學，萬勿錯失此良機，

給予法教和修行建議之後，惹瓊巴就離開，前往拉薩附近、離祖普寺不遠的堆龍①。

惹瓊巴在堆龍

惹瓊巴到達堆龍地區時，有一位喇嘛正在蓋房子。惹瓊巴走到附近，在那裡停留

和禪修。那位喇嘛的妻子看到他就走過去看看。惹瓊巴請她布施午餐，她心想：「既然要我給他食物，他就得先做一點事情。」所以，她就給他一些縫紉的工作。然後，她在旁邊等，可是惹瓊巴什麼都不做，只是坐在那裡禪修，所以她先走開了。等她回來時，問說：「縫好了嗎？」他說：「沒有，我什麼都沒縫。」她生氣了，說：「你要我給你食物，但你什麼工作都沒做，根本不值得我給你任何食物。」

於是，惹瓊巴對她唱了一首道歌，大意是：

雪獅是忙，是不忙？
雪獅忙，忙於遊雪山；
雪獅不忙，不忙做工作，
時時愼防風雪來。

老虎是忙，是不忙？
老虎忙，忙於巡叢林；

老虎不忙，不忙做工作，
時時慎防獵人來。

我惹瓊巴是忙，是不忙？
惹瓊巴忙，忙於遊四方；
惹瓊巴不忙，不忙做工作，
時時慎防死神來。

看來你是吝嗇人，
虛耗珍貴人身實不該。
人生苦短，人人皆當時時善把握，
布施供食當是有益行！

聽了這首歌之後，她立即對惹瓊巴升起信心，眼淚泉湧而出，請求到她家接受供養，說：「我必須懺悔對您的不敬。」他告訴她應該做死亡與無常的禪修。她要求惹瓊巴給予加持，讓她可以不浪費這個珍貴的人身，覺知死亡與無常，而能虔心修持佛法。

於是，惹瓊巴去她家接受午餐的供養。走入她家時，在那裡工作的人，七嘴八舌地說：「我們一直都辛苦地在做工，這個人一點也不幫忙，只是背對著大家坐在那裡。可是，午餐時間一到，他就立刻來了。」

這位婦人趕緊說：「你們絕對不可以這樣說話。他是一位非常特殊的喇嘛，是一位大成就者，我們應該恭敬地請他為我們宣說佛法。」於是，惹瓊巴給予他們開示，他們都對他升起信心，恭敬地接受他的法教，並開始修行佛法。

他們請他住在山谷上方的一個山洞，蓮花生大士曾經住在那裡修法，因而加持過這個山洞。惹瓊巴說他不會長住在那裡，但是，他會和蓮花生大士加持過的聖地結緣。因此，他在那個山洞小住了一星期。

然後，他往北行去，他以為尼泊爾的阿肅大師會在那裡，但阿肅大師已經去拉薩了。可是，有一位婦人病得很嚴重，請求他給予加持。惹瓊巴檢查自己的呼吸和體內的氣之後，知道自己能治癒婦人的病。所以，他就給予她加持，治好她的病。那戶人家因此供養他許多禮物作為報答，但他只拿了一些肉乾。拿了這些肉乾之後，他用岩石敲打，讓肉乾碎為粉末，然後放在布袋中。他們問他在做什麼，他回答說：「我的上師密勒日巴總是只吃蔬菜，如果我把這碎肉放在他的食物中，會對他的健康有益。」聽到這番話之後，其中一個人心想：「既然這樣，我一定要多給他一些肉乾。」他說：「我要供養你的上師。」於是，他拿了許多肉乾出來，磨碎之後，放入布袋，交給惹瓊巴。

此時，密勒日巴正在聶朗（Nyanang，今聶木拉）的一個山洞中（腹岩洞）②禪修。他知道這個情況，說：「今天，惹瓊巴有一樣大禮物要送我，他三天之後會抵達。」三天之後，惹瓊巴果然帶著碎肉乾到來，於是他們舉行了一次秘密薈供。密勒日巴非常歡喜，惹瓊巴也留下來住了一段時間。其他弟子和望月行者也都認為，惹瓊巴應該一直留在密勒日巴身邊。

惹瓊巴說：「我不在上師身邊時，無時無刻不想念他，所以，我真的也想留在他身邊。可是，如果我一直留在他身邊，障礙又會在這些弟子眾和望月行者之中升起，所以我必須走。」因此，密勒日巴沒要求惹瓊巴留下來。過了不久，惹瓊巴決定啓程前往衛地各方。

由於師徒短時間內可能不會再見面，密勒日巴決定送惹瓊巴一段路。在路上，他對惹瓊巴說，他可以向其他上師學習。得受法教之後，如果這是甚深的方法，那就實際去修持；如果不是的話，就把它忘掉。他說惹瓊巴應該去雅礱流域，那裡的山非常優美，看起來像稻葉；如果他住在那裡，將能利益許多眾生。不過，惹瓊巴會有被一隻世間母狗咬到的危險；屆時，他應該向密勒日巴祈請。

惹瓊巴得弟子

於是，惹瓊巴朝北行去。他在路上遇見一位穿著非常考究的僧侶。遇見惹瓊巴時，這位僧侶說：「你是非常好的瑜伽士，但你衣衫襤褸地流浪，實在令人感到惋惜。你還是當僧侶比較好。」惹瓊巴於是唱了一首歌，說那名僧侶的慈悲心很感人，但他自己是瑜伽士、是密勒日巴的弟子，所以，他把時間都用在禪修。如果他成爲僧侶，那將只是一種膚淺的外相，所以他還是保持眞實面目比較好，有什麼穿什麼，隨因緣而行。

這位僧侶讚歎他的行止，說自己顯然得受善法，並深深思惟所得的法教。他自己本身學習過法教的文字，但是，遇見惹瓊巴是非常殊勝的經驗，因此請求惹瓊巴給予指導。惹瓊巴說，若要修持佛法，首先必須找到一位好喇嘛；找好喇嘛之後，應該得受他持有的一切法教，並且正確地實修。若能實在地做好這三件事，必然能在一生之內就達到佛果。後來，這位僧侶成爲一位非常好的佛法修行者、禪修者和成就者。

有一天，惹瓊巴來到一座客棧，看到裡面的人都沉迷在自己的問題和工作中，因此對這些人升起強烈的慈悲心。其中一位年輕人走到惹瓊巴面前，說他來自某地，那裡有一個蓮花生大士住過和加持過的山洞，是禪修的好地方；還說他想會見聞名的密勒日巴和他的弟子惹瓊巴。他仔細看著惹瓊巴，說：「您看起來像是密勒日巴的弟子，所以，您一定知道密勒日巴在哪裡。」惹瓊巴回答說：「密勒日巴和他的弟子們住在聶朗，他的身體非常健康。」

然後，他爲客棧裡的人唱了一首道歌，勸告他們好好利用珍貴人身、收攝自心，勤修上師傳授的法教：

此身暇滿寶，若不善利用，任其虛耗誠可惜；
自心如珍寶，若不善攝持，流轉輪迴誠可惜。
上師之法教，宛如妙甘露，怠惰不修誠可惜！

他唱完這首道歌不久之後，密勒日巴的一位弟子走進客棧，一看到惹瓊巴就上前向他頂禮，說：「我今天眞幸運，能遇見惹瓊巴。」聽到這句話時，那位年輕人立刻明白剛才和他談話的人就是惹瓊巴。他激動得掉下眼淚，哭說：「您不慈悲！您知道我在找您，可是您竟然忍心不告訴我您就是惹瓊巴！從現在開始，我要一直跟隨您，不管您到哪裡，我都會緊跟在後面。」惹瓊巴說：「並不是我不慈悲，我沒說我就是惹瓊巴的原因是我四處遊走，居無定所，你跟著我沒什麼意義。你最好還是去找密勒日巴，他固定住在一個地方，爲許多弟子開示。你最好去他那裡接受他的法教。」

但是這位年輕人堅持要跟隨他，後來成爲他的主要弟子。他的名字是仁千札

（Rinchen Drak）。之後，惹瓊巴和仁千札兩人一起旅行。他們先到拉薩，在那裡遇見喇嘛帕波（Lama Pakpo）——持有大手印法教的尼泊爾上師。喇嘛帕波傳授他們殊勝的薩惹哈（Saraha）證道歌和大手印教法。然後，如同密勒日巴所預言的，他們前往雅礱流域。

在他們離去之前，喇嘛帕波交代他們說：「這些大手印教法極其殊勝、極其重要，你們應該好好修持這些教法。西藏人由殊勝的大上師處得授法教的機會相當多，但是，除了我之外，沒有人持有這些大手印法教。所以，得到這些法教之後，你們應該要善加護持，並好好實修。」

【注釋】

①祖普寺，或作楚布寺，是噶瑪巴的主要駐錫地，在拉薩之北大約二十英里（三十二公里）的山區。

②張澄基作「腹崕窟」。

第六章　惹瓊巴與滇布公主

惹瓊巴訪雅礱

抵達雅礱之後，惹瓊巴和仁千札師徒兩人，前去王宮敲門。

當時，雅礱的國王生病了，他的女兒滇布公主（藏文 Lhachig Dembu）聽到瑜伽士用力敲門時，感到非常生氣。她走向大門，一邊大聲罵說：「你們這些瑜伽士！夏天也來化緣，冬天也來乞討，隨時都在行乞！」

當她打開大門，一看到英俊無比的惹瓊巴就怒氣全消。她柔聲地問說：「哦！你們是誰？你們是從哪裡來的？」他回答說：「我叫惹瓊多杰札，我是密勒日巴的弟子。」然後，他詳細地介紹自己的一切。

滇布公主邀請他們進門，然後去向她的父親稟告。她說：「外面來了一位叫做惹瓊多杰札的人，這個人很特殊。我想，接見他對您的病情會有幫助。」她父親回答說：「我知道，這會是一件好事，因爲我剛做了一個吉祥夢。我相信，如果他進來，可以幫助我。」所以惹瓊巴就進去國王房間加持他，國王的病情因此好轉。

國王問說：「雅礱有兩位非常聞名的上師——密勒日巴和惹瓊巴。你是其中哪一位的弟子？」」惹瓊巴回答說：「我是密勒日巴的弟子，我是惹瓊巴。」國王非常驚訝，告訴他說：「我非常有福報，能得到惹瓊巴的加持。」

惹瓊巴治癒了國王的病，國王把他的王宮和女兒供養給惹瓊巴，並請他在王宮住下。

先前在送惹瓊巴的路上，密勒日巴預言說，如果惹瓊巴在雅礱地區建立修行中心，未來將能帶給眾生極大的利益。他也預言惹瓊巴日後會被一隻母狗咬到腳。第一項預言很快就要實現了。

惹瓊巴訪阿肅大師

在雅礱定居之後，住在王宮中的惹瓊巴變得非常有名，每個人都說：「惹瓊巴是一位非常偉大、非常令人欽佩的上師！」許多人來見他，給他許多供養。後來，他和仁千札一起去見另一位尼泊爾大師——阿肅大師，求取大手印法教。阿肅給予許多非常、非常詳細的教法，稱為大手印的「白修持法」、「紅修持法」和「黑修持法」。

阿肅大師由日落開始教導，徹夜不停，直到日出，因為有關這三法的解釋和論注非常冗長和詳細。惹瓊巴發現這些教法很難實際付諸修持，甚至覺得這種禪修相當不自然和艱澀。得受這些教法之後，惹瓊巴對阿肅大師唱了一首歌。他唱說：

初能開展正知見，
故能無誤修禪定，
而能具有正行止，
於己修行具深信，
吾師密勒慈悲故！

如今知見起偏差，
昏沉掉舉入禪修，
八風沾染正行止。

尼泊爾國阿肅師：
薩惹哈與梅紀巴，
教誡寶藏鑰持者，
祈請開啟大印門，
傳授二師大印法！

聽到這首歌時，阿肅大師滿心不悅，說他將做十五天的閉關，要惹瓊巴也這麼做。

阿肅大師出關之後，再度給予大手印法教，解說其知見、要義等。但是，惹瓊巴發覺自己並未得到任何比密勒日巴法教更深的了悟，所以，向阿肅大師供養曼達之後，他和仁千札便離去，前往拉薩。

惹瓊巴在拉薩教導正知見

在拉薩，許多人向惹瓊巴請求法教，拉薩本地的僧侶因此升起強烈的忌妒心。他們宣稱：「他不像我們，他不守任何出家戒，所以，向他求取法教並沒有任何意義。他根本不應該給予任何人法教！」惹瓊巴回應說：「沒有受戒的人是如此行走的！」然後，他開始在水上行走，彷彿在路上行走一般。他又說：「我只是在完全昏沉的狀態中睡眠，這是我如何進出房舍的方法。」然後，他直接穿透屋子的牆壁。惹瓊巴顯現這些神通之後，當地僧侶對他產生信心，向他求取法教，並做閉關修持，因此達到相當好的悟境。

之後，惹瓊巴去一些具有特別加持力的聖地修法。一些修行人也仿效他，說他們喜歡瑜伽士無拘無束的生活，想吃什麼就吃什麼，愛做什麼就做什麼。惹瓊巴告誡他們：「是的，瑜伽士的生活是快樂的，但是瑜伽士也必須修持佛法。如果不專注於修行，那麼身爲瑜伽士就沒有意義。所以任何修行人都必須注意持守自己的誓願；如果修行的願心過於鬆散，身爲瑜伽士只是虛有其名。若能專注於修行，你們會發覺瑜伽士的生活其實並不悠閒。」

他開始唱一首道歌，在道歌中說明思惟死亡與無常並不足夠，我們必須能精進實修佛法。我們或許會認爲避免十不善業和覺知輪迴的過患就足夠了；其實並不夠，我們仍然必須遵循極微細的業力行爲原則及其果報。我們或許會認爲遇見偉大的上師和得受法教就足夠了；但是並不夠，因爲我們必須繼續不斷地修持，直到完全開悟。我們或許會認爲心在禪修中達到定靜就足夠了；但是並不夠，因爲我們必須達到更高更難達到的境界——全然了悟自心本性。

惹瓊巴訪瑪爾巴的弟子

接著，惹瓊巴到西藏南方去看瑪爾巴住在那裡修持過的一個山洞。他在那裡遇見哦．謝當．多杰，他的父親哦．秋庫．多杰是瑪爾巴的主要弟子之一。秋庫．多杰是一位非常好的修行人，當他知道惹瓊巴在此處時，即前去請求他給予法教。當他去見惹瓊巴時，惹瓊巴開始讚美帝布巴。他說他去過印度，並在那裡遇見帝布巴，敘述帝布巴是多麼好、具有何種功德。他對帝布巴讚歎不絕，可是，秋庫．多杰心想：「事實上，密勒日巴賦予他的遠甚於帝布巴，他卻一點也沒提到密勒日巴，只是不斷地讚美帝布巴，這樣的人不可能很好。」於是他決定不向惹瓊巴求法。

之後，惹瓊巴去見楚敦．旺給，他也是瑪爾巴的四大弟子之一。惹瓊巴認爲他持有密集金剛的甚深法教。見面時，楚敦．旺給問他是誰，他很高興聽到惹瓊巴是瑪爾巴的第二代弟子。楚敦．旺給說：「我是瑪爾巴的直傳弟子。瑪爾巴去過印度三次，在那裡受那洛巴和梅紀巴的法教。後來，瑪爾巴特別傳給我密集金剛的父續法教，依照這些教法修持的人可用手控制精微風（梵文 vayu，「瓦由」；藏文 lung，「隆」，或稱爲「氣」），我可以傳給你這些法。」

惹瓊巴心想：「這種法教似乎很深奧，我應該求取。」楚敦．旺給於是教導他密集金剛五次第法教。得到傳續之後，惹瓊巴認爲法教其實並不算深奧。楚敦．旺給說：「我已經教你如何控制和屏住精微風的所有法教了。」可是，惹瓊巴回答說：「只有這樣嗎？」楚敦．旺給說：「我現在老了，等我修持幾天之後，再教你一些其他的技巧。」幾天之後，楚敦．旺給再爲惹瓊巴示範一些控制精微風的技巧，可是惹瓊巴仍然不覺得那有何特殊之處。他心想：「這些法教並不怎麼樣，密勒日巴教我的比這還多、還好。」於是，他告訴楚敦．旺給，他自己的上師密勒日巴教導他的比這還好。楚敦．旺給於是問他：「那麼，你已經實修到何種地步了？」

惹瓊巴雙腳結金剛跏趺坐（雙盤、蓮花坐），藉由各種精微風或氣的力量，把身體升到離地六呎的空中，在空中唱說：「我是惹瓊巴，我是實修經驗良多的惹瓊巴！我是密勒日巴的弟子。我能瞭解平常心的自然本性。」然後，惹瓊巴屏住吐氣，把身體沉入地中直至腰部，以這樣的姿態唱說：「我是密勒日巴的弟子，他的精微風教法比這更加卓越。他能在空中飛，能在水上行走，能穿過任何土地；他能騎著岩石奔跑，如同騎馬一般！所以，密勒日巴不僅善於言說，他更具有實修所生的眞實力量。」

我乃惹瓊巴，實修實證惹瓊巴！
我乃密勒子，了知如如自心性。
我乃密勒子，吾師修氣得自在，

法教遠勝此。吾師能於空中飛，
能行於水面，能穿任何土與地，
駕石如快馬。吾師不僅善言說，
實修眞力量！

楚敦．旺給對這感到非常驚訝，心想：「這實在是太好了！」他說：「在我的法教中，解釋非常重要。因此我非常善於解釋，但在實修方面，我缺乏神通力。而你，身爲密勒日巴的弟子，不以教學爲重點，實修才是最重要的，所以你現在能得到這樣的成就。」

惹瓊巴於是留下來，教導楚敦．旺給和他的僧侶如何在嚴冬升起暖熱的「拙火」法門（藏文 tummo，「荼莫」，或稱「臍火」）。他們可在寒冬僅穿著棉衣，坐在雪地修法。

惹瓊巴調伏雅礱王的慢心

接著，惹瓊巴返回雅礱，繼續和滇布公主住在王宮中。

雅礱王說：「你不在的這段時間，我遇見一位非常偉大的上師，他傳授給我非常特殊的法教，我也依法修持；而我又非常富有，所以現在我擁有我需要的一切，世上沒有人比我更快樂了！」惹瓊巴心想：「他開始變得非常驕傲，這對他不好！」

於是，惹瓊巴爲他唱一首〈修行七寶歌〉，指出轉輪聖王（梵文 chakravartin，簡稱「輪王」、「轉輪王」）擁有的七寶——輪寶、如意寶、王后寶、大臣寶、將軍寶、象寶、馬寶——雖然珍貴，但是並非持久不壞，「修行七寶」才是修行者眞正需要的珍寶。

轉輪聖王之輪寶，不如信心之輪寶；
信心能生精進心，努力不懈修善行。
轉輪聖王如意寶，不如智慧如意寶；

智慧升於心續時，一切成就皆可達。
轉輪聖王后妃寶，不如持戒王后寶，
敦肅正行爲壯嚴。轉輪聖王大臣寶，
不如知恥大臣寶，斷滅顚倒諸歧路。
轉輪聖王大象寶，不如禪定大象寶；
禪定若能達堅穩，福慧二糧能具足。
轉輪聖王駿馬寶，不如精進駿馬寶；
精進能生勤奮力，達到煩惱滅盡地。
轉輪聖王將軍寶，不如滅邪正聞寶。
故說此等七樣寶，方是修行眞需要。

聽聞這首道歌之後，雅礱王的傲慢心因此消除。接著，惹瓊巴爲雅礱王解說生起次第和圓滿次第的甚深修持法。

惹瓊巴與綠松石

之後，雅礱國王說：「如果您留下來，我就爲您蓋一座寺院。」一座名爲「惹瓊浦（Rechungpuk）」①的寺院因此落成，成爲惹瓊巴的住所，許多人來向他求法。其中，有一個非常窮困的乞丐，經常前去聽聞法教。他通常在早上出現，但沒人知道他來自何處；他在黃昏時離去，但沒人知道他去往何處。他不斷前來，也不斷地向惹瓊巴說：「請幫助我，請幫助我。」有一天，惹瓊巴終於問他：「你想要什麼？」他回答說：「我要你給我財富和財物，讓我不再貧窮。」惹瓊巴回答說：「你可以住在我這裡，如果你需要什麼東西，儘管告訴我，我會給你。」

雅礱地區有一對老夫婦。有一天，老先生向老太太提到他們擁有的一塊非常特別、珍貴的綠松石，他說：「我們的家境相當富足，我們一直藏有這塊綠松石，但是，隱藏起來的綠松石對任何人都沒有用處。如果其他人看到了必然會引起一場爭執，大家都會搶著要它，這也不好。既然我們有這麼好的一位上師惹瓊巴，不如把綠松石供養他。」他的妻子說：「我也一直這麼想，只是沒有開口而已。」所以，他們決定把這塊綠松石供養惹瓊巴。他們邀請惹瓊巴和許多人到家裡來享用豐盛的餐點，供養惹瓊巴許多東西，然後趁大家不注意的時候，秘密地把綠松石交給他。但是，滇布公主瞥見了這塊寶石。

之後，那位不斷地說「給我這個」的乞丐又來了。當四下無人時，惹瓊巴把那塊綠松石給他，並說：「我想現在你最好離開。如果任何人、甚至我的弟子知道你有這塊寶石，它一定會被偷走。所以，你最好趕快走！」於是，這位乞丐就帶著綠松石悄悄離去，沒有任何人知道這件事。但是，滇布公主確信惹瓊巴一定會把這塊綠松石送給她，並一直等待著這件美事的發生。當然，惹瓊巴一直沒有把綠松石給她。

滇布公主等了好幾天都沒看到綠松石的影子，心想：「沒關係，惹瓊巴並沒有佩戴它，所以一定是要給我佩戴的。」她想盡辦法要惹瓊巴把綠松石送給她，但是，她的計策沒有一樣奏效。有一天，惹瓊巴外出時，她心想：「嗯！我一定要進去，仔細看看這塊綠松石的樣子。」她走進他的房間，開始四下尋找，但是怎麼找都找不到那塊綠松石的蹤影；不過，他還有別人供養的另一塊綠松石。看到這塊綠松石，她愛不釋手，一下放在脖子上，一下放在耳朵上，一下放在頭髮上，對著鏡子欣賞自己佩戴這塊綠松石的模樣。在房間裡流連一陣子之後，她心想：「嗯！我絕對不能讓他知道我已經看過他的綠松石了。」於是她把它放回原位。出了房門之後，她假裝什麼都不知道。

故事繼續發展下去。有一天，惹瓊巴外出時遇見幾位有嚴重殘障的乞丐。他們請求說：「請給我們一點非常有價值但很容易隱藏的東西，這樣才不會被偷走；但這樣東西也必須很輕，我們才容易攜帶。我們也希望這樣東西能讓我們變賣到許多東西。」惹瓊巴對這些乞丐升起極大的慈悲心，心想：「我能給他們什麼呢？啊，有了！我還有一塊綠松石。我就給他們這個吧！」所以他告訴他們說：「跟我一起繞到王宮後面。」他走到房間，取出那塊綠松石，包在糌巴麵糰中，由後窗丟出去給那些乞丐，說：「接好！拿到這團糌巴以後，不要在這裡吃，走到離這裡很遠的地方時才吃。」

其中幾位乞丐埋怨說：「我們請求這位大喇嘛給我們一些值錢的東西，但是他只給我們一團糌巴，還要我們到別的地方去吃。眞是的！不如我們現在就在這裡吃掉好了！」不過其中一人說：「不，惹瓊巴確實是很偉大的上師，他一定有特殊理由才會叫我們到別處去吃。」後來，當他們開始平分糌巴時，看到藏在裡面的綠松石，大家都萬分欣喜。他們往北行去，把綠松石變賣之後，得到許多錢，然後在那裡定居下來。西藏人後來稱這個地方為昌迭（Trangde），意思是「乞丐聚集的地方」。雖然變賣綠松石讓他們變得相當有錢，但是抵達這個地方時，他們已經相當貧苦了，這就是昌迭被稱為「乞丐村」的緣由。

不久之後，雅礱附近有一座寺院落成，開光那一天，每一個人都穿戴最好的衣服和珠寶前去參加開光典禮。滇布公主心中暗自盤算：「明天去參加開光典禮時，我會穿上最好的衣服、騎著最好的馬。我會把所有的僕人都帶去，而且，我要惹瓊巴跟我一起去，他實在是很英俊。此外，我有兩塊綠松石可佩戴——老夫婦供養的那一塊，以及我在他房間找到的那一塊。」她對惹瓊巴說：「明天我們一起去參加開光典禮，我們騎最好的馬去。我知道你有兩塊綠松石，也許，你可以借給我當珠寶佩戴。」惹瓊巴回答說，他把那兩塊綠松石都送給乞丐了。滇布公主一聽到這句話，臉色就立刻沉下來，非常生氣地走出房間。惹瓊巴心想：「這真的是輪迴。她的心變得如此執著，如此貪愛這兩塊綠松石。我把它們送給乞丐確實是一件好事，執著這兩塊綠松石對她毫無益處。」滇布則有不同的想法：「我們家給他這麼多上好的衣服、上好的食物、寺院、房屋……，這所有的一切都是我們給他的，他竟然把這麼珍貴的綠松石送給乞丐！我就讓他嘗嘗當乞丐的滋味！」

平時，滇布公主都會親自爲惹瓊巴端來非常可口的食物。這事件發生之後，她改派僕人端給他非常普通的食物。然而，惹瓊巴專心地在禪修，根本沒吃。當她發現惹瓊巴沒吃時，就用一個醜陋的盤子盛著非常粗劣的食物，帶去給惹瓊巴。把食物端給惹瓊巴，還譏諷地說：「如果你吃不慣平常的食物，那麼你應該吃得慣這種乞丐吃的食物！」

當滇布公主給他這種粗劣的食物時，惹瓊巴心想：「啊，這非常吉祥！」然後，他只是繼續禪修。當滇布回來時，一看到他沒有吃那盤食物，就轉身出去拿了一根棍子進來，開始用棍子打他。惹瓊巴心想：「太好了，這眞是吉祥！」接著，他脫下身上穿著的考究衣服，換上以前穿的棉衣，拿出以前的手杖，準備離開。

看到他要離去時，滇布公主心裡一驚：「糟了！我錯了！他要離開我了。他非常喜愛他的書，如果我把它們藏起來，他就不會離開了。」所以她就把他的書藏起來。

但是惹瓊巴毫不在意，他說：「我不在乎你把我的書藏起來，我要走了！」當他轉身離去時，滇布抓住他的衣服，哀求他不要走。惹瓊巴說：「我犯了一個大錯！我離開山林到城市居住，我離開我的喇嘛而與國王同住。我換下棉衣，開始穿著達官顯貴的服裝。我離開同門的兄弟姊妹，而與大臣和大官共同生活。我不會繼續再錯下去了！」

惹瓊巴離開雅礱

惹瓊巴運用他的神通力量，掌握體內各種精微風，以極快的速度離開雅礱流域，往下疾行，直到雅礱河與藏布河交會的地區。藏布河是穿越西藏的主要河流，匯成雅魯藏布江。

到了那裡之後，他尋找可以帶他過河的渡船和船伕。找到之後，他說：「帶我渡河吧！」船伕說：「你這人真奇怪！哪有撐船只帶一個人渡河的事？你必須等其他人到來，湊足人數之後才能渡河。」惹瓊巴心想他無法等待，於是脫下棉衣，放在水面上，用手杖當槳，划到河的彼岸。

看到這神奇的景象時，船伕升起極大的信心，把船划到他身邊，說：「請原諒我剛才沒有載您渡河，請您慈悲給予我禪修的法教。」惹瓊巴就給予他禪修的法教，這位船伕後來成爲瑜伽士。

惹瓊巴探望密勒日巴

渡河之後，惹瓊巴往西而行。途中，有人供養他一些肉乾，他接受之後，把肉乾碾成粉，放在布袋中，要帶回去給密勒日巴。當時，密勒日巴正在山洞中開示佛法，他對弟子們說：「啊，惹瓊巴要回來了！他帶了一樣大禮回來，連山谷都容納不下。他兩天之內就會抵達。」

當惹瓊巴抵達時，其他弟子一見到他就說：「密勒日巴說你帶了一樣很大的禮物回來，連山谷都容納不下。你到底帶了什麼來？」惹瓊巴說：「沒什麼，我只帶了這一包肉乾粉。」他們用肉乾粉煮湯。喝肉湯時，密勒日巴說：「我的胃谷不足以容納這禮物！」接著，他又說：「明天我要給予六十二本尊的勝樂金剛灌頂。你們每一個人都要做曼達供養，但惹瓊巴是例外，他什麼都不須要供養。」惹瓊巴心裡很納悶，爲什麼唯獨他不須要做供養。

第二天，他去參加灌頂時，曼達的中央赫然是他送給那位乞丐的綠松石。看到那一大塊綠松石時，惹瓊巴整個人呆住了，自問：「這塊綠松石怎麼會在這裡？」他心中突然閃過一個念頭，當下全身汗毛直豎，恍然大悟：「啊！輪迴無實，沒有任何上師比密勒日巴更偉大了！」

【注釋】

①創古仁波切補充說明，他小時候參拜過惹瓊浦以及鄰近的雍布拉崗（Yumbu Lhakang）。【中譯補注】雍布拉崗或作雲布拉康、雍莫拉卡、雍拉寺等，在拉薩東南方一九二公里、澤當鎮以南九公里，是最早的王宮遺址，公元前第二世紀第一位藏王聶赤贊普（Nyatri Tsenpo）所建；第三十三代藏王松贊干布遷都至拉薩之後，改為寺院，第五世達賴喇嘛時成為格魯派寺院。兩者在文化大革命期間都遭受嚴重的破壞，雍布拉崗在一九八三年時重建，惹瓊浦也經整建。

第七章

惹瓊巴成為密勒日巴的心子

先前，惹瓊巴顧慮到自己留在上師身邊對上師不利，而在時機尚未成熟時就離開上師，障礙因此升起。由於密勒日巴的慈悲及加持，這障礙才得以淨除。

惹瓊巴回去之後，密勒日巴特別傳授勝樂金剛六十二本尊灌頂。密勒日巴說，惹瓊巴具有穩定的慈悲心及信心。可是，若不是密勒日巴的慈悲與加持，他將經歷到更多的障礙。接著，密勒日巴為惹瓊巴唱了一首道歌，在道歌中解釋說：由於惹瓊巴自身具有甚深的慈悲心和了無執著的布施心，密勒日巴的神通力及化現才能產生利益。他說，為了化解惹瓊巴的障礙，他特地化現為乞丐去見惹瓊巴；由於惹瓊巴的慈悲心，他得到這塊綠松石，做為日後勝樂金剛灌頂的供養。

他說，一己的快樂取決於其他眾生，因為幫助他者的善行造就了讓自己得到快樂的因緣條件；反之，如果我們傷害他人，這只會造成惡業。因此，每個人都應該走向勝樂金剛六十二本尊的壇城，懺悔自己的一切惡行，並立下誓願，未來不再重犯這樣的惡行。

起初，惹瓊巴什麼話也說不出來，因為他實在太訝異了。但是，他終於升起懺悔心。首先，他懺悔身的惡行，他說他具有求取身體舒適的強烈欲望，因此產生對財物的貪執；他也懺悔自己對美好食物有很強烈的執著，對酒肉也具有相當大的貪愛。在語方面，他懺悔自己說過許多不是十分眞實的話。他說：「我向喇嘛懺悔這些語的惡行。」接著，他說在意方面，他時時都希望快樂；由於欲求快樂，各種心毒因此在他的意念中升起。他也冀望成名，且由於這個欲望而有許多不正確的舉止。他也冀望成爲重要的人物，並因而造作許多錯誤的行爲。他向上師懺悔這一切。

他的懺悔讓密勒日巴深感歡喜，但是，瑜伽士息沃不解地問說：「惹瓊巴已經能完全控制他體內的精微風，對眾生具有慈悲心，並且已經利益許許多多眾生，爲什麼他還須要做懺悔？」密勒日巴回答說，就感官欲樂而言，我們應該具有適當程度的享樂，但是一超過這種程度就變成執著，所以我們必須小心。這是程度的問題。

接著，密勒日巴給予惹瓊巴實修指導，並唱了一首道歌敘述他如何能升起悟境及覺受。他以「多哈」說明如何剷除各種障礙和困境，這對惹瓊巴及其他弟子都極爲受用。

密勒日巴為惹瓊巴解夢

惹瓊巴說，他在一連串的夢中看到一些徵兆，請密勒日巴解釋其中的意義。其中一個夢裡有一隻狗，狗的背上馱著一捆羊毛，狗一邊走一邊大聲叫吠，同時一邊寫字。夢中有八十四個人前來會見這隻狗，他請教密勒日巴這個夢有什麼意義。密勒日巴說：「狗如同朋友，代表修行道上的伴侶；羊毛表示柔軟、慈愛的心，因爲羊毛非常柔軟。寫字表示善於文詞及言說，大聲吠叫表示具有唱頌證道歌的能力。八十四個人前來會見這隻狗，象徵你將活到八十四歲。」

在另一個夢中，惹瓊巴脫掉衣服，洗淨身體，然後變成一隻鳥，飛到一棵樹的頂端。樹端有一面鏡子，他往鏡子中看。他問密勒日巴這個夢的意義。密勒日巴說，脫掉衣服表示脫離世俗生活，洗淨身體表示以禪修法教清淨自身，也就是以禪修法教使自己變成清淨無染。鳥的身體代表慈悲心，鳥的兩支翅膀，一支是福德的累積，一支是智慧的累積；鳥飛到樹的頂端，表示達到菩提心樹——證悟心——的頂端。鏡子則是空行母爲了告知他這些事情而給予的信號。

在另一個夢中，惹瓊巴騎著一隻驢子，但是他倒騎在驢背上，面對著驢尾巴。他身上穿著一件「惹哇」（藏文 rewa）——由犛牛毛製成的黑色衣服，質地非常粗糙。由於倒騎在驢背上，並穿著如此粗糙的衣服，惹瓊巴認爲這是非常不好的夢。可是，密勒日巴說驢子是行於大乘法道的象徵，倒騎著驢表示他背離輪迴、邁向涅槃。在藏文中，「惹哇」的另一意義是「希望」，所以惹瓊巴身穿「惹哇」，表示他將是其他眾生的希望所寄。

然後，密勒日巴告訴惹瓊巴說，現在他已經給予所有的禪修教導了，所以惹瓊巴沒有理由繼續留在他身邊，最好到各處去。如果他到別處去，他將對眾生有極大的利益。聽到這話之後，惹瓊巴說：「我眞的已經得到所有的法教了嗎？您確定沒有其他的法要給我了嗎？」密勒日巴說：「我還有最深奧的法教還沒給你，你離去的時候，我會給你。除此之外，瑪爾巴給我的一切法，都已經傳給你了。」

惹瓊巴感到非常高興，接著問密勒日巴：「誰將持有您的法教傳承？您還要住世多久？我追隨您這麼多年的授記是什麼？」

密勒日巴授記傳承

密勒日巴說，瑪爾巴有許多弟子，但是在這些弟子當中，只有他一人得到全部的法教。爲了不埋沒這些法教，他一生都在修持這些法教。他自己本身也有許多弟子，有些已證得佛果，有些已達到菩薩地，有些則只是與佛法結了緣。在這些眾多的弟子當中，岡波巴將持有特殊法教的傳承；惹瓊巴則是空行母授記的心子，未來將有許多弟子。①

密勒日巴也預言，此生惹瓊巴將直接去淨土，不會留下色身。由於惹瓊巴本身是一位非常卓越的修行者，未來會有一位帝洛巴化身的弟子前來拜見，屆時惹瓊巴應該把口傳法教傳給他。密勒日巴特別囑咐，這些口傳法教不可傳予對佛法信心不足的人。

在修持方面，密勒日巴則說：「你應該到幾個非常特別、加持力很強的地方禪修，這將對你很好。如果這麼做，未來你將能帶給眾生極大的利益。你不須要擔心我，因爲我能全然控制各大元素，當死亡的時機到來時，你不須要指引我該怎麼做；

還有，空行母會將我身體所留下的任何舍利帶到淨土，所以你不用擔心這件事。」

這席話讓惹瓊巴不想離去：「我實在沒有必要到這些地方去，我應該待在上師身邊。」所以他告訴密勒日巴說：「我實在不想去，我要留在您身邊！」密勒日巴說：「以前我告訴你不要走時，你非走不可；現在我告訴你要走，你卻不走！但是你眞的不應該留在我身邊，應該離開，因爲如果你去這些不同的地方，將能帶給眾生極大的利益，所以你應該到這些地方去。」

接著，密勒日巴說現在就要給予惹瓊巴最後的法教，他應該保存、持守、修持且永不忘記這些法教。他又說：「我的各種化身會不時去探望你、探查你的狀況，所以你還是現在就走比較好。我已經給你所有的教導了，但還有最後一個教導，等我們走到那裡時才給你。」

於是，他們師徒兩人一起走著，惹瓊巴很好奇最後的教導到底是什麼。當他們走到密勒日巴所指的地方時，密勒日巴說：「即使你尙未死亡，死亡也在等著你，所以你必須珍視生命。」說著，他把棉袍撩上來，露出他的屁股。由於他經年累月長坐在石頭上修持，屁股上的皮膚結了一層又厚又硬的繭。他對惹瓊巴說：「你就是要這樣修，必須具有這種精進。」

密勒日巴又說：

為了開展悟境，你應該修持「荼莫」（藏文 thummo，拙火、臍火）——內火的修持法。你應該只穿棉衣；在食物方面，你應該僅以禪定、僅以三摩地為食。如果你能這麼做，就不會有什麼障礙，而且能利益許多眾生。你不應該在一個地方停留太久，要不斷地遷往別處，並完全放下八世法。你應該把口傳法教傳給具有信心的人，不能傳給對佛法缺乏信心的人。

我將在兔年（西元一一二三年）的第一個滿月日（藏曆一月十五日）往生，你應該回來見我。在這年之前，你不須要再回來我這裡。你一定要從一個地方不斷遊走到另一個地方，這樣你將能利益許多眾生。

就這樣，惹瓊巴離開了。他一邊走，一邊念誦禮敬密勒日巴的讚文。他頻頻回顧，最後，當他從很遠的地方再度回頭時，看到密勒日巴和其他人在一起的微小身形，心中激動難抑：「不！我怎麼能離開？我必須回去！」然而，他想起密勒日巴所交代的話，不得不按捺下這樣的念頭。他告訴自己：「不行！這是上師的命令，而且這是有益的事，離開之後能幫助許多眾生，所以一定要遵照上師的話去做。」

於是，惹瓊巴以極大的意志力強迫自己繼續往前走。

惹瓊巴和弟子

遵照上師指示，惹瓊巴在衛地各處雲遊。隨著時光的流逝，他心中升起的悟境日益殊勝，成就的次第不斷地提高。同時，他以特殊灌頂以及口傳法教馴服各種類型的有緣弟子，爲他們明示解脫道及菩薩地，並指示他們要將法教傳到哪些地方。

有一天，他遇見一群修行者在修持火供，其中一位注意到惹瓊巴，轉身問他：「我們就是像這樣按照儀軌修持火供的，你們瑜伽士是怎麼修火供的呢？」

惹瓊巴以一首道歌回答：

修行必須調伏內心諸煩惱，
汝等火供僅是調伏外魔障。
修行必須燒毀內在諸煩惱，
唯有如此火供才能具利益。
修行須使內在智慧火熾燃，
燒毀外物所得利益實在少。
我等瑜伽行者禪定修火供，
離戲本心燃起無二智慧火，
燒毀內在執著妄念之木柴，
故說瑜伽火供驅入解脫道。

聽到這首道歌之後，其中一位金剛行者對惹瓊巴升起極大的信心，因此從他那裡得到許多口傳法教。修持惹瓊巴傳授的這些法教之後，這位弟子將這些法教傳給五百位弟子，無間斷的傳承因此經由這位弟子而延續開來。

遇見這位弟子之後，惹瓊巴繼續在衛地各處雲遊。有一天，他碰見一位學者在和好幾位修行者辯論。惹瓊巴對他們說：「你們不須要這樣辯論，我可以為你們解答疑惑。」於是他為他們唱了一首道歌：

我乃一介快樂瑜伽士！
了悟輪迴如幻無實質，
生大出離悲憫修三昧，
修持三昧已得究竟果，
因此眞快樂！

常憶頂禮上師得加持，
凡任修持皆無障礙升，

我心師心兩者不可分，
三昧正受悟境升於心，
故於諸法傳承無偏見，
深解自心而生信心故。

聽到這首道歌之後，辯論者都產生大信心，因此不再辯論，轉而請求惹瓊巴開示：「您說得太好了！請給予我們一些建議，告訴我們修持最好的方法是什麼？」

惹瓊巴這樣回答：

汝等已得珍貴人身寶，
具足有暇圓滿實可喜，
升起虔信之心極重要！
明瞭死亡無常口傳法，善也！

侍奉上師深具大虔敬，更善也！
領受瞭解口傳教誡法，善也！
解脱自心不爲煩惱縛，更善也！

不論修持是爲何種法，
切勿放任自心散漫遊，
安住無戲無造自在心。

恆視自身即是本尊身，
恆視己語即是本尊咒，
恆視自心空樂不二也！
勿讓自心偏離輪涅義，
切記此等極其重要點！

這首道歌讓在場的許多人對修持法有圓滿的瞭解。

先前，密勒日巴也預言：如果惹瓊巴能到拉薩北方的彭域（Penul，今澎波一帶），將能帶給許多眾生極大的利益。當時，有許多噶當派的上師住在彭域地區。到了彭域之後，惹瓊巴特別到噶當派大師紐秀巴·耶喜拔主持的那一座寺院拜訪。惹瓊巴一到達，這位大師就開始批評他，說了一些相當負面的話。惹瓊巴以一首道歌回應，他說：

此地博學人士請聆聽，
禪定內證已於我心升，
故我不畏汝等之批評。
汝等所須應當是實修。

禪定之中我身修內熱，
故我不畏寒冷不著衣。

汝等所須應當是實修。
汝等博學人士所依靠：
典籍讀傳開卷學大藏。
我等瑜伽行者非如此，
專注修持開展內證境。
汝等所須應當是實修。

紐秀巴．耶喜拔一聽就產生大信心，他說：「以前我聽說過密勒日巴和惹瓊巴具有大成就，今天我非常高興終於見到您，請為我開示佛法，讓我們能結下法緣。」

惹瓊巴答應了，於是又唱了一首道歌：

我見爲何？
我見乃禪修，直證諸法眞本性，
不樂學文字與名相。

故我如何修？
我常直觀照，自心離戲眞本性，
不樂展戲論與意想。

我行爲何？
我行乃依據，內心所升三昧境，
不樂求虛僞之善行。

紐秀巴・耶喜拔的信心變得更強，進而得到大手印及金剛手菩薩的法教。不久之後，惹瓊巴遇見另一位上師謙雅・竹清拔。他對惹瓊巴顯現了好幾項神通，但是惹瓊巴以更勝一籌的神通回應，使他產生信心。

後來，惹瓊巴前往另一座寺院，那座寺院的住持名爲鄔兌巴，又以洽佑巴見稱。惹瓊巴一走進去，就直接坐在成排而坐的僧眾之間。洽佑巴滿心不悅，說：「這太不像話了！哪有山羊坐在綿羊群中的道理！」他指的是惹瓊巴身上穿的只是瑜伽士的白色棉布衣，而寺院僧眾穿著的是莊嚴的僧袍，他下令把惹瓊巴趕出去。被幾位僧人聯手趕去時，惹瓊巴的腳卡到門，疼痛不堪。惹瓊巴在門外開口高唱：

噶當僧侶敬請聆聽我獻歌！
人人當知自身即是本尊身，
不知此理而著黃袍無大益；
穿著僧袍內心生起驕慢者，
其實不知自身如此殊勝也！

人人當知言語之眞實本性，
不知此理誦經無法令開悟；
反觀自身言語而起驕慢者，
其實不知言語本性即氣脈。
人人當知自心即菩提法身，

不知此理無法依文成正覺；
汝等研讀佛書心起大驕慢，
哀哉殊勝自心淪為凡俗心！

聽完這首道歌時，噶當派大師發覺自己的錯誤，立刻派遣兩位堪布出去，邀請惹瓊巴入內。看到兩位僧人朝他走來時，惹瓊巴心想：「不妙！我出口批評他們沒有證悟境界，他們是不是生氣了，要來揍我一頓？如果他們真的要打我，我就得顯現神通來馴服他們，這樣才能扭轉情勢，有機會利益他們。」

惹瓊巴心中這麼想著的時候，兩位堪布已經走到他面前，和氣地對惹瓊巴說：「啊！您唱了那一首道歌實在太好了！請您再唱一遍吧！」惹瓊巴回答說：「嗯！我不記得詳細的歌詞了！我為你們唱一首新的好了！」

於是，惹瓊巴唱了一首道歌，說明某些修行者追逐世間八法而偏離修行正道，這讓他們感到非常不快樂。因此，他們應該放棄這些外緣，讓心自然安住；如果他們不離棄煩惱，既達不到相對的成就，也達不到究竟的成就。為了斷除煩惱及自己創造的痛苦，他們應該要努力禪修。

接連聽到這兩首道歌之後，寺院的上師和學僧都產生極大的信心，而回到正確的修持道上。

【注釋】

①【中譯補注】各家傳記對密勒日巴直接傳給兩位主要弟子的傳承法教內容，有不同的說法，或說只有惹瓊巴、或說只有岡波巴直接由密勒日巴那裡得到所有法教的完整傳承。即便如此，在果倉．惹巴的惹瓊巴傳及其他許多相關傳記中都提到，密勒日巴尊者圓寂之後，惹瓊巴將自己持有的特殊口傳（耳傳）法教傳給岡波巴，因此岡波巴無疑持有完整的瑪巴噶舉傳承，且成為惹瓊巴傳承三支中的一支。

第八章

惹瓊巴參訪聖地

惹瓊巴遵照上師密勒日巴的指示，雲遊西藏中部和北部各地，有時在山洞禪修，有時走訪城鎮或寺院。所到之處，依因緣給予灌頂、開示和禪修法教，利益了許多眾生，也收納了許多弟子。惹瓊巴也承繼了上師密勒日巴的瑜伽士道風，常以即席創作的道歌傳法，啓發了許多人的信心。

惹瓊巴謹記上師的囑咐，到五個聖地去參訪和禪修，繼續提升自己的悟境，也讓世人體驗到口傳法教的殊勝。

惹瓊巴參訪五聖地

1. 耶瓦（Yerwa）：月洞禪修・傳法於後人

第八世紀時，蓮花生大士應藏王赤松德贊的邀請前往西藏之後，興建了桑耶寺。桑耶寺成為佛法教學暨翻譯中心，許多梵文教本在此地被譯成藏文。

蓮花生大士的弟子眾，以耶瓦(音)的「達瓦浦」（Dawa Phuk）——意為「月洞」①

的山洞爲主要的修行地方。因此，這是一個非常殊勝的修行處所，八十位聞名的成就者在這裡閉關時達到成就，阿底峽尊者也曾在此居住過。由於月洞具有非常強大的加持力，惹瓊巴特別到此禪修。

許多弟子來到拉薩東北方的耶巴，領受喜金剛的灌頂。惹瓊巴授與灌頂時，參與者大都有特殊的覺受；有些人見到壇城和花雨，有些人見到惹瓊巴化爲喜金剛壇城，另外有些人聽到樂聲由花雨紛紛的空中傳出。總之，每個人都有某種特殊的經驗。

後來，連瑪爾巴四大弟子之一的楚登・旺給・多杰也來見惹瓊巴。雖然他得受密續的法教，持有這傳承，並把傳承法教傳給他人；但是，他覺得自己的心變得相當渙散。如果他不由惹瓊巴那裡得到特殊的禪修教導，他擔心自己死亡之後進入中陰（藏文 bardo，「巴爾斗」，意爲中間狀態）時，可能會遇到很大的障礙。於是惹瓊巴給予他大手印、頗哇和中陰的法教，說得受這些法教對他有極大的助益。

許多惹瓊巴的弟子也領受了這些法教的實修教導，包括卓貢・惹巴和塔修・惹巴。這些弟子依照他的教導，實修之後都達到成就，然後把這些法教和實修口訣傳授其他修行者，形成惹瓊巴傳承三系中的「惹瓊念舉」（惹瓊耳傳）。

這些弟子要求惹瓊巴唱一首歡喜歌，隨喜弟子的修行成就。惹瓊巴於是唱說：

修持佛法何等歡喜快樂啊！
每見他人沉迷於非法行時，
我思世道有過故我亦有過，
故我審察自身是否勤修行，
確定爾後又起快樂歡喜心！

如今汝等歡喜修持正法教，
倘若對法無趣沉迷八世法，
日後必有深感懊悔哀傷時，
當思慎防再犯怠惰不修過。

行者雖多不乏未入正道者，

我由殊勝上師得受正法教，
且能遵循正道我心甚歡喜！

汝當細察自身修行正確否，
確定一己老實修持非空談，
唯有實修佛法才能成正道。

見到諸多禪修者苦無良師，
然我受教禪修大師密勒尊，
有此大福報我心極其歡喜！

開展虔敬上師之心至重要，
若要虔敬上師之心恆增長，
慎防短暫無恆否則必退轉。

諸多上師宣稱某法可成佛，
細查無甚法義故知非眞實，
思我不虛不假我心甚歡喜！
未來傳法當防誇大不實際。

福德多迷惑亦多者爲數多，
察己勤奮積善我心甚歡喜！
勸請眾人留心勿爲財利迷。

2.參訪桑耶寺：遇不馴僧．飛行顯神通

唱完這首歡喜的道歌之後，惹瓊巴帶領大約十五位弟子，一起去朝拜蓮花生大士創建的第一座西藏佛教寺院：桑耶寺。抵達時，他們遇見桑耶寺的總管塔貢．耶謝．多杰。他非常不喜歡瑜伽士，說：「你們這些瑜伽士，並非眞的在修行。你們做的都

只是表面的，根本一無是處！如果你們瑜伽士的禪修功夫眞的那麼厲害，那我根本不須要爲你們開門，你們可以自己開門進來朝拜本尊做你們的祈請啊！」

惹瓊巴於是顯現神通。他以棉袍爲雙翅，繞著桑耶寺飛行三圈，最後降落在寺院的屋頂上。此時，寺院所有的門都自動打開，每個人都可以進去寺院，一一參拜佛像和唐卡。此外，當門自行開啓時，樂聲同時傳出。有時惹瓊巴顯現在空中，化爲十個惹瓊巴，向十個方向奔去，或唱道歌，或以金剛跏趺坐姿安坐在天空中。後來他融入虛空中，完全消失，然後許多道彩虹出現在桑耶寺的上空，如帳棚般覆蓋著桑耶寺。接著，這些彩虹一起往欽普（Chimphu，今屬札囊縣桑耶區）②的方向飄去。此時，每個人都對惹瓊巴升起極大的信心，追隨著彩虹往欽普的方向奔去。欽普離桑耶寺有相當一段距離，但眾人還是追到了欽普。到達欽普時，他們看到惹瓊巴在一棵樹下禪修。

見到惹瓊巴之後，眾人向他懺悔自己的惡行和胡亂批評他的過錯，並請求他開示佛法。得到法教之後，每個人都滿心歡喜；對惹瓊巴最刻薄的塔貢．耶謝．多杰，後來成爲惹瓊巴最傑出的弟子之一。之後，眾人要求惹瓊巴在那裡定居下來，如果不行的話，至少也在那裡住幾年。但是惹瓊巴知道那個地區的弟子並不多，況且其他地區還有許多有緣的弟子，所以他只在那裡住了二十一天。在這段期間，他給予法教開示，也收納了許多弟子。

3. 參訪桑日：淨見三大菩薩與蓮師・立無間傳承

接著，惹瓊巴前往桑日（Zangri）。施身法（藏文 chöd，「覺」）祖師瑪姬・拉準的駐錫地在桑日（桑日康瑪寺）③，因此是聖地。惹瓊巴的一位弟子也在當地建立了一座寺院，日後惹瓊巴傳承的法教將在桑日不間斷地傳續④。

桑日的徒眾說，惹瓊巴的法教極其殊勝和深奧，並請求他唱一首涵蓋見、修、行三慧一切要義的「多哈」。惹瓊巴唱說：

不知萬般顯相眞實性，
必將繼續流轉於輪迴；
了悟萬般顯像眞實性，

將知萬法即是法身也，
無須再求其他任知見。
不知如何住心於禪定，
則須禪修自心之本性；
自心具明覺空等三性，
明乃心有無間相續性，
覺乃精確知道己活動，
空乃心無實質非具體。

不知三性妄念紛紛起，
若能安住離戲本來狀，
將知自心即是報身也！

行徑應自在隨遇而安，

了無執著也了無算計，
自然顯現自然解脫也！

在桑日的期間，有一天，惹瓊巴在修持時，三大菩薩直接示現在他面前。文殊菩薩（梵文 Manjushri）是一切諸佛智慧的化現，觀音菩薩（梵文 Avalokiteshvara）是一切諸佛慈悲的化現，金剛手菩薩則是一切諸佛力量的化現。惹瓊巴親眼見到這三大菩薩，也直接見到蓮花生大士，惹瓊巴歡喜無比。

4.欣莫札㊅：封藏咒術法教．淨見蓮師

離開桑日之後，惹瓊巴前往欣莫札（Sinmotrak，意為魔女岩），那裡有許多關於咒術的法本。他知道這些法可能傷害到許多眾生，最好先把這些法本當作伏藏典籍隱藏起來，等日後因緣成熟時，才由伏藏師取出來。於是，惹瓊巴把這些法本隱藏起來，交代當地的山靈嚴加守護，並授記取藏的時機和人選。

有一天，惹瓊巴在修法時見到了蓮師的淨相，周圍有四位空行母伴隨。這項勝觀

讓惹瓊巴歡喜無比，於是唱了一首道歌來表達：

佛陀言說與論注之間，
有如何實修口傳教誡，
口傳教誡法何等奇妙！

佛經與因明釋論之間，
有無法言喻大樂覺受，
我有大樂覺受眞福報！

幸能獨居深山幽靜處，
禪定覺受連連大增長，
故我於世間法唯厭離！
介於此生與來世之間，

有奇妙中陰口傳教誡，
有此我能一生成菩提！

於我胸膛與後背之間，
存有脈絡精氣語明點，
修持彼法加持入我身！

若無諸如此類之證悟，
人稱禪修大師有何義！

在欣莫札停留期間，許多弟子前來求取法教，受益的眾生非常多。

5.玉噶(音)：雪山高處禪修．得心子

在欣莫札時，惹瓊巴傳授許多金剛手菩薩壇城的法教。某一天，他做了一場夢，

在夢中見到一個壇城，壇城上擺有供品，因此惹瓊巴知道那是一種徵兆。密勒日巴在授記中提到惹瓊巴應該前往五個聖地，玉噶是其中的第五個；所以，惹瓊巴認為這個夢境是空行母示現的，要他前往玉噶。他唱了一首道歌，跟他的弟子提到這個夢境之後，就飛往雪山高處的玉噶。

抵達玉噶之後，他往雪山更高處人煙未至的地方去，找到了一個合適的山洞閉關修持。他的弟子完全不知道他在哪裡，所以四處尋找，過了好久之後，終於發現他在雪山高處修行的山洞。找到久違的惹瓊巴之後，大家都非常興奮，要求上師讓他們留下來，得受開示和教導。

惹瓊巴原本是在那裡閉關的，可是他已經成為聲名遠播的大成就者了，過不了多久，許多人聞風前來這個隱閉的山區求法。

有一天，他在傳授大手印時，感到萬分喜悅，於是唱了一首道歌：

我乃有福善緣人，
首得珍貴人身寶，

二得已值遇正法，
三遇法後能聞思，
故能解除諸疑惑，
確解信心升於內。

我乃有福善緣人，
首能厭離輪迴惑，
次能遺棄世間法，
三能侍修證大師，
故與佛法有正見，
修持道上得成就。

不共禪定利益大，
首能領口授傳承，

次能如是見心性，
三能修而入無修，
修與無修同一味，
禪定持續不間斷。

禪定為何不間斷？
首能不離禪定境，
次於此生無執著，
三以諸相為禪定，
一切外相是禪定，
內心所顯亦如是。

於己悟境起大信。
為何具有大信心？

首因念念皆自在，
次因大樂智慧升，
三因了悟心本性，
超越得達與離合。
於己悟境具深信，
不須問人我禪定。

接著，惹瓊巴把自心覺受、證悟和慈悲的力量傳續給弟子，說：「希望這也在你們心中升起。」

在玉噶時，一位名字叫賈哇洛的人前來求法，後來他成爲惹瓊巴的主要弟子。那時，非常、非常多的弟子聚居在附近，攪亂了雪山高處原有的幽靜。爲了避免人群的干擾，惹瓊巴帶著賈哇洛做閉關。在閉關期間，賈哇洛有非常殊勝的覺受和悟境，尤其是在氣脈明點修持法方面，他的疑慮全都淨除了。

有一天，賈哇洛在禪修當中，見到許多菩薩出現在面前的虛空中，還聽到各種美妙的樂音。他去問惹瓊巴：「爲什麼會這樣？這種經驗有什麼意義嗎？」

惹瓊巴回答：「這是氣已經進入中脈的徵象，可是你的氣似乎還是有一點粗。」

賈哇洛接著問：「氣的粗細怎麼分別？」

惹瓊巴解釋說：「氣不能粗，就好像在灌溉田地時，水不能太冷，否則會造成問題。就氣而言，氣可分爲兩種：上行氣和下行氣。持上行氣時，必須整個持住；但是持下行氣時，只要持住三分之二就好了。」

接著，惹瓊巴給予賈哇洛拙火、幻身、夢和光明等瑜伽法的實修教導。如實修持之後，賈哇洛成爲非常傑出的修行者，也成爲惹瓊巴的一大弟子。

惹瓊巴的成就

除了口傳法教之外，惹瓊巴也得受過一些佛經（梵文 sutra，「修多羅」，佛陀的言說）和論注（梵文 shastra，「謝多羅」，大學者對佛陀法教的闡釋）的法教。口傳法教介於經典與論注之間。在當時，他所得的口傳教法的傳承歷史並不久遠，由金剛持佛（梵文 Vajradhara）開始，依序傳給帝洛巴、那洛巴、瑪爾巴和密勒日巴。惹瓊巴得到的這些口傳教法，正是成佛的善巧方法。因此，得到這些教法之後，他覺得沒有深入經典和論注法教的必要。

經典和論注的正確性通常由兩種方式認定：引證典籍和邏輯分析。惹瓊巴的經驗不屬於典籍考證，也不涉及邏輯分析。他藉由法教和實修來淨除各種疑慮和煩惱心毒，而有清淨的覺受，悟境不斷地提升，沉浸在大樂之中。

惹瓊巴在雪山的閉關山洞，是非常殊勝的地方，惹瓊巴在那裡修持時，禪定境界大大提升。他深深感到，能留在這樣的聖地禪修眞的是極大的福報，自己眞的是很有福緣的人！因此，他在一首道歌中特別說明福慧資糧是達到佛果的重要因緣。惹瓊巴本身已經達到福慧圓滿的成就，無緣慈悲因此在他的心流中現起，穩定不變。一般的慈悲有「我」和「他」的二元分別，是「作意」而起的外在行爲；無緣慈悲則完全沒有「我」和「他」的二元分別，是從禪定中直接升起的，是基於空性的體驗。由於福慧圓滿，無緣慈悲在修持心中自然升起、自然流露。他不需要任何作意，慈悲時時就在心中；也不需要刻意使身體或語言的行動顯現他的慈悲，慈悲就自然由內顯現於言行。

惹瓊巴也說明，介於此生與來生之間的是中陰。中陰教法是不可思議的妙法，藉由此種修持，行者可關閉往生輪迴六道的大門，在此生即身成佛。惹瓊巴又說，介於他的胃和背之間的是各種精微的脈絡與風。脈絡與風的教法是不可思議的妙法，藉由此種修持，行者可得受無上加持，而他已經得受加持了。

惹瓊巴在遊走各聖地和唱道歌的同時，給予許多禪修教法，包括咒術教法。如果這些咒術教法落入心念不正之輩的手中，可能會危害許多眾生。因此，惹瓊巴把它們藏在一處岩石山的懸崖中，成為伏藏法（藏文 terma，「德瑪」）。他請附近的一位山靈保衛這些伏藏，並囑咐：「請善加保衛這些法教，不要讓它們落入邪惡之輩的手中而傷害眾生。未來有一位具足善緣和福德的人出現時，把這些法教交給他。」

之後，惹瓊巴在雪山高處一個偏僻的山洞中閉關修持禪定。閉關期間，他在淨觀中見到金剛總持佛，周圍有許多印度大成就者（梵文 mahasiddha，「瑪哈悉達」）環繞。見到金剛總持佛的淨相之後，他的禪定進入更高深的境界。他深住於三摩地之中，連續數日，毫無間斷。出定之後，他感受無比大樂。

【注釋】

①【中譯補注】劉立千《衛藏道場勝蹟志》作「月亮窟」，傳說藏王赤松德贊的大臣賈瓦·邱陽曾在此山洞中禪修達到成就，而在洞外乘月光升天而去，故得名。

②Chimpu（藏文 mchims mphu），《藏漢大辭典》作欽普，亦名綝普，以族氏為名；劉立千《衛藏道場勝蹟志》作「秦浦」，曾是伏藏的重地，寧瑪派的空行心要法門就是在此地取出。

③桑日康瑪寺（藏文 zangs-ri mkhar-dmar）。

④一九五九年之後，惹瓊巴傳承在桑日的情況不明。

第九章

滇布公主懺悔記

惹瓊巴承襲根本上師密勒日巴的道風，經常以道歌傳法。他的道歌具有非常大的加持力，即使僅聽到其中幾個字詞，也能改變覺受。

我乃一介瑜伽士，
我歌出自我覺受，
汝當專一細聆聽，
將此歌謹記於心。

益心性禪定教誡，
口授傳承我持有，
倘若落入論說口，
必然令人大惋惜！

看看我等外在身，

原是幻身壽不長，
然而佛身起於此。
佛身起於幻身故，
勿視此身凡夫身，
當觀自身本尊身，
有此知見至重要！

若得方便道法教，
切莫僅聞不利用，
否則浪費何其大！
應當如理循教誡，
精進行此方便道！

惹瓊巴再埋伏藏

如同密勒日巴的預言，惹瓊巴再度前往雅礱流域。雅礱流域有一座很特別的山，稱爲雅拉香波，形狀像一只倒放的顱杯（藏文 kapala，「嘎巴拉」）。

據說，這是勝樂金剛的聖地，在這裡修持勝樂金剛的法可得到非常大的加持。密勒日巴告訴惹瓊巴要到此地修持勝樂金剛，他會因而得到一位非常特別的弟子。

在此地修法時，惹瓊巴在淨觀中見到帝布巴。帝布巴身上配戴屍陀林的莊嚴骨飾，周圍有許多空行母環繞。帝布巴說，目前無人能修持一味的不共教法，所以惹瓊巴應該把它們隱藏起來，做爲後世取出受用的伏藏法。於是，惹瓊巴走到接近西藏南方的一個地方，那裡有一個非常深的峽谷和許多殊勝的山洞。他把一味法教隱藏在這個地區。在一個叫做洛札喀曲的地方，惹瓊巴觀見金剛手菩薩以金翅鳥的形相示現，於是他把一味法法教隱藏在這裡。這裡有一位地方女神，名爲葛念能噶。惹瓊巴對葛念能噶說：「你必須守護這些法教七代，未來將有一位名叫洛惹巴（Lorepa）的人前來這裡。當洛惹巴來時，你必須把這些教法交給他。在此之前，你不能把這些教法交給任何人，你必須嚴守這秘密。」

滇布公主的淪落和懺悔

惹瓊巴離開雅礱之後，雅礱國王對女兒的行爲大感忿怒，決定嚴厲地懲罰她。他說：「明天，我要把你送給第一個到王宮來的人，不管那人是誰，你都要跟著他一起離開這裡，再也不准回來！」那晚，滇布公主焦急地祈請，希望第二天第一位前來王宮的人是大富大貴的英俊男子。然而，她必定是惡業深重的人，因爲第二天第一個前來王宮的人竟然是一位痲瘋病人！但是，國王並未改變心意，斷然把她送給這位痲瘋病人，並把她驅逐出雅礱流域。

從此以後，滇布公主過著非常痛苦的生活，除了侍候罹患痲瘋病的新丈夫之外，她還必須四處乞討食物。後來，她自己也感染了痲瘋病。她請問好幾位喇嘛她應該怎麼辦最好，其中一位喇嘛做了預言。他說，她必然是對某位非常殊勝的上師做了非常不好的事，破損了對他的三昧耶戒。他說：「最好的方法是去找他，然後向他懺悔。

如果不能這麼做的話，你應該修持金剛手菩薩的法。如果你連這也無法做到，那麼至少也應該去一個叫做娘美㊟（Nyalmay）的地方繞塔。」所以，滇布公主和丈夫決定去找惹瓊巴，因爲她對他有三昧耶戒，但卻反過來虐待他。此外，他們也知道惹瓊巴持有金剛手菩薩的法教。如果他們去見他，不但滇布公主可以懺悔罪業，夫妻倆同時也可以得到能治癒痲瘋病的法教，於是他們出發去尋找惹瓊巴。

有人告訴他們，惹瓊巴住在一個叫做雅拉夏波的山中。他們就去那裡找他，但是當他們抵達時，惹瓊巴並不在那裡。那裡的人說：「哦！之前他是在這裡，但是現在他已經走了。」他們感到很難過，只好到附近的娘美繞塔。失望的滇布公主趴在草地上，想著：「從前我是公主，擁有許多黃金和綠松石的珠寶，擁有過許多絲綢綾緞的衣服，也擁有一匹人人稱羨的好馬。我隨時想吃什麼就吃什麼，可是現在我竟然落到這個下場。」滇布公主愈想愈傷心。

滇布公主躺在草地上哭泣時，幾位商人正好路過。其中一位說：「我到這裡做買賣，但買賣沒做成。我來的目的沒達到，所以打算放棄經商的行業，好好修持佛法。我要去一個叫做洛若的地方，密勒日巴的弟子惹瓊巴在那裡，我下定決心要好好跟著他修行佛法。」

滇布公主一聽到惹瓊巴的名字就十分興奮，心想：「太好了，我知道他在哪裡了！」

滇布公主起身走到那位商人前面，問他說：「惹瓊巴現在在的那個地方在哪裡？他會在那裡待多久？」商人回答說：「難道你的頭上一直罩著瓦罐不成？竟然什麼都不知道！惹瓊巴是鼎鼎大名的上師，無人不知、無人不曉！他現在在洛若，我要去那裡見他，因爲我一直無緣無故地鞭打我的驢子……。」她追問：「那個地方到底有多遠？」他回答說：「如果你騎驢子去要三天，但是如果你自己抄小路走，只要一天就到了！」

滇布公主去找丈夫，告訴他說：「你留在這裡繞塔，我要去見惹瓊巴，向他懺悔，然後再回來這裡。如果我能找到他、向他懺悔，我們兩人的病都可以治癒。」丈夫同意說：「好，這是個非常好的主意。你去找惹瓊巴，向他懺悔吧！」

此時，惹瓊巴正在一個山洞中開示，他知道滇布公主要來了，於是對他的弟子眾說：「今天有一位戒律破損的人要來見我，這個人來的時候，你們要用土塊丟她、侮辱她。她來的理由是因爲累積了惡業，因此感到非常懊悔、非常不快樂。如果你們依照我的話去做，就能幫她淨除業障。」然後惹瓊巴獨自回去住處，待在裡面不出來。

滇布公主抵達了，朝著惹瓊巴所在的山洞走去。首先，她看到和惹瓊巴一起去雅礱、一起住在她家的仁千札。滇布公主一看到他就開始哭泣，說：「你和惹瓊巴兩人離開雅礱，丟下我不管，我好苦啊！我現在來向他懺悔，你能不能幫我？」仁千札說：「你的處境確實是很苦、很可憐，不過，你放心，我會幫你的！」於是仁千札陪她一起走上去。當他們走近時，惹瓊巴的弟子們全部開始朝她丟石頭和土塊。仁千札請眾人住手：「請不要這樣！她和惹瓊巴居住在一起很久。他們一家人給予惹瓊巴生活所需的一切，吃的食物、穿的衣服、住的地方……，所以請不要再用石頭丟她了！」

接著，仁千札上去見惹瓊巴，說：「滇布公主已經到了，她要向您懺悔。她可以來見您嗎？」

惹瓊巴回答說：「不，不行！她不能來見我，也不能懺悔。她太喜愛綠松石了。我有一些黃金和綠松石，你拿去給她，然後叫她走。她違犯佛法戒律，所以不能修持任何法門，這我也沒辦法！」

於是仁千札轉告滇布公主說：「他要我把這些黃金和綠松石給你，但是他不見你，而且以後你最好不要再來了。」

滇布公主傷心地說：「我不要綠松石和黃金！過去，我住在王宮，擁有許多黃金和綠松石，但是這些對我一點好處也沒有。這些都不是永久的，我不想要這些東西。如果我不能去見他、去向他懺悔，我就自殺；與其這樣活著，不如死了好！」於是仁千札再上去見惹瓊巴，轉達滇布公主的話。

惹瓊巴說：「如果她眞的要懺悔，那麼她就應該持誦金剛薩埵的百字明咒，並造一個舍利塔和一尊佛像。這樣做之後，她才能來懺悔。」

滇布公主聽了之後感到非常高興。離去之後，她按照惹瓊巴的指示，一一去執行。她持誦了百字明咒，造了一個舍利塔，也塑了一尊佛像。完成之後，她終於見到惹瓊巴。

見面時，惹瓊巴爲滇布公主唱了一首道歌：

我心永念密勒日巴大師恩！
聽我爲說爭執所起緣松石，
現於上師修行山洞壇城上，
見時我身汗毛直直全豎立，
於師心升無比信心與虔心！

密勒恩師起初阻我往中藏，
後來決意趕我前往中藏來，
常念上師何其慈悲難思議！

密勒心中黃金污泥無差別，
中藏行前堅持要我攜黃金，
如今明白黃金其實爲你帶，
用來打造佛塔雕塑佛聖像，

汝身惡業與障礙悉可淨除，
用來雕刻摩尼語業可淨除，
用來製作擦擦意業可淨除！
一一圓滿時將可得我法教！

爲了來見惹瓊巴，滇布公主已經打造了佛像和舍利塔，完成清淨身業這一項；所以，只要完成其他兩項，她就能得受惹瓊巴的法教。

完成惹瓊巴交代的懺悔修持之後，滇布公主和丈夫都得到金剛手菩薩的灌頂和實修教導。修持金剛手菩薩法之後，不僅兩人的痲瘋病都治癒了，連他們的痲瘋病友也都痊癒了。修行七、八年之後，滇布公主本身達到了悉達的成就，所以當她往生時，身體變成舍利（藏文 ringsel，「仁瑟」）。由此可見，她成爲一位非常善巧、卓越的禪修者。

第十章　惹瓊巴的晚年

惹瓊巴探望達哇・札巴

有一位名叫達哇・札巴的人病得非常嚴重，瀕臨死亡。他請求惹瓊巴去家中看他，所以惹瓊巴就去他家，爲他開示皈依、菩提心和中陰的法教。那人說他死了以後，要把他的房屋、一切財物和妻子荷莫・仰桂供養給惹瓊巴。惹瓊巴急忙說：「不！不！這些我全都不要，我沒有辦法照料這些，我早就放棄自己的家產和妻子了，怎麼可能會接受你的家產和妻子呢！」

但是達哇・札巴很堅定地說：「我不可能讓我的妻子在我死後獨自活著，既然你不接受她，那麼，我只好在斷氣之前把她殺了！」惹瓊巴沒辦法，只好接受達哇・札巴的家產和妻子①。

密勒日巴圓寂

惹瓊巴繼續傳授法教，指導弟子實修。有一天深夜，在嚴格閉關修持期間，他在睡眠狀態和光明狀態合一之中，見到密勒日巴在拉齊雪山的奇幻景象。他看到一群空行母把一座水晶舍利塔舉到空中，頻頻作禮，周圍也有許多天神和天女向水晶舍利塔做供養，惹瓊巴自己也禮拜繞行。接著，密勒日巴尊者出現在水晶舍利塔中，對惹瓊巴說：「回來看我，我們再見一次面！」尊者的容貌和聲音讓惹瓊巴喜悅無比。就在這個時候，惹瓊巴醒了過來，回想夢境時，心中閃過一個念頭：「上師要入涅槃了！」同時，兩位女子現身告訴他：「請趕緊回來！晚了，你就見不到你的上師了！」

這時，天已破曉。惹瓊巴距離密勒日巴所在的貢塘，大約是平常人兩個月的路程，但是透過秉持內氣的功夫，惹瓊巴在第二天破曉時分就到了。抵達貢塘時，他看見天空中有一道又一道的虹光，也有許多奇妙的雲朵。許多天人、天女、空行母、勇父等在頂禮。看到這個景象時，他既歡喜又感傷，心想：「是不是恩師密勒日巴已經入涅槃了？」席地禪修一會兒之後，他問一位天女：「爲什麼有這麼多瑞相和吉兆呢？」她回答說：「你是不是蒙著眼睛、堵著耳朵在遊蕩啊？難道你不曉得密勒日巴要去淨土了嗎？我們正在向他做供養呢！」

惹瓊巴一聽立刻往密勒日巴的山洞奔去。他看到在通往山洞的路上有一塊大岩石，走近時，密勒日巴赫然顯現，端坐在岩石頂端，好像在禪定中淨觀升起一樣。惹瓊巴心想：「上師還活著！他們說他圓寂了，可是並沒有啊！他不是在這裡嗎？」於是，他向密勒日巴頂禮問安。密勒日巴對他說：「不要馬上跟著我來，以後再來。我走在你前面，爲你準備一場歡迎會。」然後，密勒日巴就消失了。

惹瓊巴走到山洞附近時，地上擺設了許多供品，守在洞口的都是一些新進的弟子，他們不認識惹瓊巴，因此不讓他進去：「不行！你不能進去！新來的人不能進去洞裡。」惹瓊巴非常難過，他的上師就在面前的山洞裡，瀕臨死亡，而他卻被新進的一輩阻擋在洞外，無法見到上師最後一面，於是他唱了一首道歌向密勒日巴祈請。

惹瓊巴抵達時，荼毘的火堆已經開始燃燒了，冒出火舌來，但是新進的弟子看到惹瓊巴在唱道歌時用雙手把火焰壓了下去。

荼毘大典開始之後，柴堆冒出的煙和火舌變成各式各樣的雲朵，遍滿天空。火焰本身則形成八吉祥記，煙化爲供養天女和壇城。看著這些形狀奇特的煙霧和火焰時，眾人心裡想著：「荼毘圓滿之後，必定會有許多舍利和特殊的聖物。」所以他們圍著茶毘火堆而睡。

眾人入睡之後，惹瓊巴夢見五部的空行母攜帶絲綢布巾而來，把舍利全部取出，放在絲綢布巾裡帶走。驚醒之後，他立即呼喚其他瑜伽士：「快啊！大家趕快去把茶毘柴堆口打開！」但是他們還是晚了一步，裡面空蕩蕩的，舍利已經全部被空行母取走了，連灰燼也不剩，什麼都被空行母拿走了。

於是惹瓊巴開口唱一首道歌向空行母祈請，說明他需要密勒日巴的舍利來行供奉、做祈請。但是虛空中的空行母們說，他們這一群弟子已經領受到密勒日巴的法教，並達到殊勝的三摩地和不共的成就了，因此不需要任何舍利，反而是她們這些空行母需要舍利來行供養，所以，「這些舍利，一點也不能分給你們！」

最後，弟子們還是沒有拿到任何舍利，唯一的遺物是密勒日巴身前穿過的幾件棉布袍和手杖，因此這些遺物如同身舍利一樣珍貴。分配好之後，交給弟子們各自供養。之後，惹瓊巴告誡他們往後應該如何自處、如何修持。

當時岡波巴在西藏中部，沒有趕回來見上師最後一面，或參加茶毘。於是惹瓊巴出發去尋找岡波巴，把上師遺留下來的手杖和布袍交給他。由於他們兩人是密勒日巴的主要弟子，負有維護傳承的重任，於是他們一起回到惹瓊巴的住處，開始整理上師的法教。兩人把自己個人從密勒日巴那裡得受過的法教一一列出，匯集之後，再整個比對一遍。確定完整無缺之後，兩人開始進行整理分類。在彙整師承法教的過程中，兩人和諧互重，法喜充滿。

然而，在這期間，有一些弟子有不如法的行為，於是惹瓊巴告誡他們：

我們都非常有福報，所以應該避免有這些不如法的知見和行為。在這世上，上師非常多，多如市集的人潮，而我們都能追隨最好的上師——密勒日巴學習。在這世上，教法也非常多，多如市集的人潮，而我們卻能得到最好的教法——口授傳承教法。這世上的禪修法教也非常多，多如市集的人潮，而我們得到最好的禪修法教——那洛六法。所以，擁有了最好的上師、教導和禪修法，我們確實是非常有福報的。在這個時候，我們不應該陷入錯誤的知見和活動。

惹瓊巴與杜松．虔巴會面

有一天晚上，惹瓊巴在睡覺，他夢見一位非常醜陋的婦人出現在他面前，說：「有一位化身要來見你！」話一說完，她就消失了。之後，杜松．虔巴（第一世噶瑪巴）由康地前來見他。他有非常特殊的特質，而且見過岡波巴，也從那裡得到禪修教導。岡波巴的弟子當中，有八百位傑出的禪修者，杜松．虔巴是其中禪修最善巧、最精進的。現在，他來見惹瓊巴。

惹瓊巴和杜松．虔巴會面的地點在衛地西部的仲㊅（Tsong）。在這次的會面中，惹瓊巴授予杜松．虔巴那洛六法和大手印法教，尤其是紅法和梅紀巴的大手印口傳教誡，以及淨除障礙的特殊教誡。

惹瓊巴告訴杜松．虔巴，一定要去他住的地方見他。杜松．虔巴依照指示抵達，得到上樂金剛壇城的灌頂，並因而達到極大的成就和力量。例如，當閃電的閃光擊出時，他可以結指出手印而使閃光回轉。

惹瓊巴圓寂

圓寂之前不久，惹瓊巴告訴弟子們，世間的一切事物都是無常的，他自己也是無常的，所以他們應該得受他擁有的一切教誡，完整無漏。於是，徒眾歡喜虔敬地請法，惹瓊巴把自己領受過的一切實修教誡，無一遺漏地，全部傳授一遍。之後，他逐一指導弟子個人的修持重點，並指定日後的傳法弟子。他對某些弟子說：「你必須修持這一個特定的法，修持有成之後，把這法教傳給其他的師兄弟。」對其他某些弟子則說：「你必須修持這一個特別的法，然後傳給其他人。」就像這樣，他給予每位弟子個別的指導。惹瓊巴傳記提到某些弟子的名字、惹瓊巴指示他們修持的法、如何傳揚特定的法教等細節。

惹瓊巴說他的事業已經圓滿了，須要幫助和教導的弟子都已經幫助了，再也沒有須要教導的弟子了。現在，是他到其他界處幫助其他眾生的時候了。惹瓊巴將要圓寂的消息於是傳開來，弟子們問他：「以後我們應該怎麼辦呢？您要去哪一個淨土？我們應該怎麼進行荼毘呢？我們應該怎麼做供養呢？」

惹瓊巴回答：「由於我已經達到法身的證悟和成就了，你們向哪一個淨土做祈請都沒有差別。而我的身體已經成爲本尊的壇城了，我死的時候不會留下任何身體的痕跡，所以，你們不須要點火燃柴做荼毘。」

惹瓊巴接著說：「我已經把我的法教都傳給你們了，你們領受到之後也都實際修持了，所以我和你們永遠都是不分離的。」接著，他回到自己的修行山洞，完全處於大樂之中。弟子們擺設了許多供養，即興在半夜裡做薈供。薈供之後，惹瓊巴說：「現在，你們都回去各自的住處，在裡面禪修。今天晚上會有許多光明、聲音等等，但是不論你們看到什麼、聽到什麼，都不要出來，也不要特別看著我。你們一定要留在裡面一直禪修。」

破曉時分，空中傳來各種美妙的樂音，五色虹光四射，芳香瀰漫。所有的弟子都依照惹瓊巴的指示，繼續禪修，不出去觀望，但最後還是忍不住偷看了一下。他們看見空中有空行母來去，時而見到半身空行母，時而見到全色身空行母。惹瓊巴時而以勝樂金剛示現，時而化爲其他形相，但是這些形相都一直往上升，最後消失在空中。

破曉之後，所有的弟子都往惹瓊巴的山洞走去，入了山洞，只見到他的坐墊和坐墊上的棉袍，惹瓊巴的身體已經消失了。一如他自己的預言，惹瓊巴已經前往淨土了，沒有留下絲毫色身痕跡。他並沒有經過一般的死亡過程，完全沒有任何病兆，也完全沒有遺體。一如經典的敘述，他以圓滿的虹光身，當下前往淨土。

當天，所有的弟子都不斷地唱誦道歌，不斷地向惹瓊巴頂禮、祈請。突然之間，虛空之中傳來清晰的聲音：「如果你們向金剛手菩薩的淨土祈請，你們將可得到惹瓊巴的加持！」於是所有弟子聚集在一起，依照這項指示做禮讚、祈請。之後，他們彙整上師的法教，並且發願如實修持上師的法門，盡心護守和弘揚上師的傳承。惹瓊巴的法教因此能夠傳揚，代代相傳，延續到今日。

惹瓊巴的傳承

起初，惹瓊巴的法教是由他的傳承弟子直接傳續下來，在藏文中稱爲「惹瓊念舉」，即「惹瓊耳傳」或「惹瓊口傳」，取「口耳相傳」之意。過了一段時間之後，惹瓊巴傳承不再以獨立的傳承流傳，也未列入噶舉傳承歷史上的大、小傳承之中。這是因爲惹瓊巴的法教和實修教導，後來融入其他噶舉傳承，特別是噶瑪噶舉和竹巴噶舉。第一世竹千仁波切倉巴．嘉惹把惹瓊巴法教融入竹巴噶舉傳承，第一世噶瑪巴杜松．虔巴也將之融入噶瑪噶舉傳承。

根據果倉．惹巴撰寫的《惹瓊巴尊者傳》，惹瓊巴一生當中遭遇過許多困境和障礙，例如：密勒日巴圓寂時，他被新進弟子阻擋，無法進去山洞中頂禮瞻仰。但是惹瓊巴傳記的核心在於惹瓊巴的禪定成就、口耳相傳的實修教誡，以及他如何以圓滿的虹光身前往淨土等。這一類的故事指出佛法修持的力量，也說明口傳傳承的力量，一如西藏俗諺所說的，修持佛法就是「爲自己創造利益」。修持佛法時，我們自己是最大的受益者，唯有我們能爲自己創造這樣的大利益。

惹瓊巴前往淨土之前，許多徵兆出現。他的弟子問他那些徵兆的意義，他回答說：「對我來說，這些是非常好的徵兆，但是我不知道這些徵兆對你們有什麼意義。」他知道自己是由快樂的境界趨入更快樂、更曼妙的境界，這充分顯示佛法的力量。如果我們能夠如實地修持佛法，也能達到這樣的境界。

【注釋】

①創古仁波切補充說明，惹瓊巴在不得已的情況下接受達哇．札巴的妻子之後，為她講說佛法並傳授給她實修教導。她也精進修持，成為相當好的修行者。她在惹瓊巴圓寂後四年往生，火化之後灰燼中留有舍利。

附錄

辭彙

【二劃】

八世法、世間八法 eight worldly dharmas（藏文 jik ten chö gye）：對獲得與失落、讚美與毀謗、欲樂與痛苦、美譽與惡名的執著，是修行的障礙。

【三劃】

三身 kāyah three（藏文 ku sum）：佛有三身：法身、報身及化身。

三昧耶 samaya（藏文 dam tsig）：在金剛乘傳統中，修持者對上師或本尊的誓願。

口傳 lung（藏文）：在金剛乘傳統中，修持任何法之前，都必須先由一具格上師處得受灌頂、口傳及實修解說，方可實際修持。

大手印 mahāmudrā（梵文，藏文 chag gya chen po）：字義爲「大印璽」，一切現象的本性都是本初圓滿的眞確法教。印度大成就者薩惹哈（Saraha，第十世紀）被認爲是噶舉派大手印禪修傳承的第一位人身祖師。

大成就者 mahāsiddha（梵文，藏文 drupthop chenpo）：證悟境界極高的修行者。

大乘 mahāyāna（梵文，藏文 tekpa chenpo）：屬於二轉法輪的法教，強調空性及菩提心。或稱爲菩薩道，因此修行道強調爲利眾生願成佛的菩提大願，不同於尋求一己之解脫的小乘道。

大圓滿 dzogchen（藏文，梵文 mahāsandhi）：在寧瑪派的傳統中，是九乘中最高的層次。

【四劃】

中陰 bardo（藏文）：意爲「兩者之間」或「中間狀態」，共有六種。在此書中，指死亡與再生之間的狀態。

化身 nirmānakāya（梵文）：佛的三身之一，其中唯有法身可爲一般眾生所見及受益。

幻身 illusory body（藏文 gyu lü）：那洛六法之一。

文殊菩薩 Mañjuśri（梵文，藏文 Jampalyang）：三大菩薩之一，代表一切諸佛智慧的本質。

方便 upaya（梵文，藏文 tap）：意爲「善巧的方法」。證悟者考量受法者的根器、能力及性情等因素而運用的教法。

【五劃】

四加行 ngöndro（藏文）：藏傳佛教的基礎法門，包括四共加行（轉心四思惟，是三乘共有的修持法）及四不共加行。其中，四不共加行包括皈依大禮拜、金剛薩埵業障清淨法、獻曼達資糧累積法及上師相應法，每一加行的修法皆須完成十萬遍。

本尊 yidam（藏文，梵文 atadevatā）：在金剛乘修持傳統中，密續本尊是佛功德的化現體。亦稱爲護佑尊、依怙尊。

甘露 amṛita（梵文，藏文 dü tsi）：可幫助清靜身心障礙的加持物。

【六劃】

伏藏法 terma（藏文）：意爲「隱藏起來的法」。菩薩或成就者將某些特殊的法隱藏在岩石中、水底等隱密的地方，等時機成熟時才由預言中的伏藏師發掘出來。可能是實質的教本，也可能是藉由淨觀傳予的法。

成就（悉地）siddhi（藏文 ngo drup）：修持佛法的成果。

成就者（悉達）siddha（梵文，藏文 drup top）：達到修持佛法成果的人。

【七劃】

杜松‧虔巴 Dusum Khyenpa（1110-1193 CE）：第一世大寶法王噶瑪巴，是岡波巴的主要弟子之一。

赤松德贊 Thrisong Deutsen（790-858 CE）：虔信佛教的西藏國王，邀請許多印度聖者及瑜伽士至西藏。他指示建造的桑耶寺，是西藏第一座佛教寺院。

那洛六法 Six Yorgas of Naropa（藏文 naro chödruk）：那洛巴傳給瑪爾巴的六種特殊瑜伽法，包括拙火、幻化身、夢瑜伽、明光、遷識法及中陰法。

那洛巴 Naropa（956-1040 CE）：一印度大成就者，瑪爾巴將其法教帶回西藏，創建了噶舉派。

【八劃】

岡波巴 Gampopa（1079-1153 CE）：噶舉派的主要傳承持有者之一。著有《解脫莊嚴寶論》，是噶舉派的重要典籍。

拙火 tummo（藏文）：高層次的金剛乘修持法，藉由空性與妙樂合一的修持而產生內熱。

法、佛法 dharma（梵文，藏文 chö）：具有兩種意義：一泛指自然的眞理，例如，天空是藍色的；一特指佛法。

法身 dharmakāya（梵文，藏文 chöku）：三身之一，是無形的證悟自身，是無所緣的本初智慧。

法性 dharmatā（梵文，藏文 chönyi）：或稱爲「如如本性」「眞如」「如是本性」等。是全然證悟者所見到的事物眞實本性，全然無礙、全然無染。

空行母 ḍakīnī（梵文，藏文 khandroma）：已達到相當高證量的女修行者。可能是即身達到成就的，也可能是某一禪修本尊化現的。

舍利子 ringsel（藏文）：於佛行事業活動或成就者色身火葬時自然顯現的加持物。通常是如米粒般的小圓石。

舍利塔、佛塔 stupa（梵文，藏文 cho ten）：供奉佛或大菩薩之舍利的圓頂狀建築。

金剛、金剛杵 vajra（梵文，藏文 dorje）：意爲「如金剛鑽一般」，或指如金剛鑽般清淨、堅固不變的特質，或指金剛乘修法儀式中手拿的法器「金剛杵」。

金剛手菩薩 Vajrapāṇi（梵文，藏文 Chagna Dorje）：三大菩薩之一，代表一切諸佛力量的本質。

金剛亥母 Vajravarahi（梵文，藏文 Dorje Phagmo）：噶舉傳承的主要本尊之一，是一切智慧的總集。

金剛乘 vajrayāna（梵文，藏文 dorje tekpa）：佛教三乘（小乘、大乘及金剛乘）之一，是三乘共修的法教，以密續法教爲特殊基礎。

金剛總持佛 Vajradhara（梵文，藏文 Dorje Chang）：噶舉傳承中的本初佛，是噶舉法教的來源。

金剛薩埵 Vajrasattva（梵文，藏文 Dorje Sempa）：金剛薩埵佛的心咒及禪修法能幫助修持者清淨業障。

金翅鳥 garuḍa（梵文，藏文 khyung）：具神秘力量的鳥，雙翅是金色的，是龍神的天敵。

長壽佛、無量壽佛 Amitāyus（梵文，藏文 Tsepagme）：可幫助清除壽命障礙而延壽，是阿彌陀佛的長壽層面。一如阿彌陀佛，身紅色，手結定印，但有長壽寶瓶置於其上。

【九劃】

姜 kiang（藏文）：西藏的野驢。

帝洛巴 Tilopa（928-1009 CE）：印度的八十四大成就者之一。其弟子那洛巴，將法教傳予噶舉祖師瑪爾巴。

紅觀音 Jinasāgara（梵文，藏文 Gyalwa Gyamtso）：觀音顯現的多種外相之一，身紅色，有單身相，也有雙身相。是歷代大寶法王噶瑪巴必修的本尊法之一。

苯教 Bön or Bönpo（藏文）：西藏的本土宗教信仰，佛教傳入之前即存在，現在仍有人信奉。

【十劃】

唐卡 thangka（藏文）：西藏式的佛教藝術畫。

桑耶寺 Samye Temple：西藏的第一座佛教寺院。

氣、風 vayū（梵文，藏文 lung）：或指自然界的風及空氣，或指循環於體內的精微之氣或能量。

涅槃 nirvāṇa（藏文 nyang de）：意爲「寂滅」。輪迴中的眾生具有所知障及煩惱障（二障），藉由修行可使二障全然滅除、靜止而達到證悟。

祖古 tülku（藏文）：轉世的修行者。

般若 prajñā（梵文，藏文 she rab）：梵文原意爲「圓滿的知識」，或指完全瞭解、辨識的智慧。通常表示能由較高的層次（例如，非二元的角度），瞭解一切事物或現象。

【十一劃】

密勒日巴 Milarepa（1040-1123 CE）：瑪爾巴的四大弟子之一。即身成就佛果，是西藏最偉大的修行者之一，常以證道歌的方式傳法。《密勒日巴十萬歌集》及《密勒日巴全傳》流傳極廣。

密集金剛密續 *Guhyasamāja Tantra*（梵文）：是四密續當中最高之無上瑜伽密的父續法教。

密續 tantra（梵文，藏文 gyu）：金剛乘的特殊修持法。

悉達・惹姬尼 Siddharājñi（梵文，藏文 Machig Drupe Gyalmo）：印度女成就者，以修持長壽佛的成就著稱。

【十二劃】

勝樂金剛、上樂金剛 Cakrasavara（藏文 Khorlo dompa）：無上瑜伽密續的禪修本尊之一。

喜金剛密續 *Hevajra Tantra*（梵文 *Hevajratantrarājanāma*，藏文 *brTag gnyis bshad rgyud*）：是四密續當中最高之無上瑜伽密的母續法教。

堪布 khenpo（藏文）：完成十年傳統佛學教育者，或指寺院之住持。

報身 sambhogakāya（藏文 long ku）：佛的三身之一，又稱爲喜悅身，源於無形的法身。唯有清淨的菩薩眾可見到報身。

無餘涅盤 parinirvāṇa（梵文）：佛陀圓寂時，並未像一般眾生一樣再度受生，因爲他已完全證悟、超越一切再生之業，因此其死亡稱爲無餘涅槃。

菩提心 bodhicitta（梵文，藏文 chang chup gyi sem）：即證悟心。菩提心可分爲兩種：究竟或勝義菩提心，是了悟空性、全然覺醒的心；及相對或世俗菩提心，是爲幫助一切眾生皆脫離輪迴而修持六波羅蜜多（六度）的願心。

菩薩戒 Bodhisattva vow：爲幫助一切眾生悉皆成佛而修行的誓願。

【十三劃】

業 karma（藏文 lay）：其字義爲「行動」「行爲」，指行爲的因果定律，善行終將導致善果，惡行終將導致惡果。

煩惱障 kleśa（藏文 nyön mong）：眾生具有的衝突與情緒，或分爲貪、瞋、癡等三種（三毒），亦可分爲貪、瞋、癡、慢、疑等五種（五毒）。

瑜伽士 yogi（梵文，藏文 naljorpa）：不拘傳統形式的佛法修持者。

經典、佛經 sütra（梵文，藏文 do）：記錄佛陀言說的小乘與大乘經典。

【十四劃】

瑪爾巴 Marpa（1012-1097 CE）：那洛巴的弟子，到印度求法三次，將那洛六法、密集金剛、勝樂金剛等密續法教帶回西藏，是噶舉傳承的祖師。

精微風、氣 lung（藏文）：兼指空氣的氣及循環於體內的精微風。不同的氣或精微風具有不同的功能與作用。

頗哇法 phowa（藏文）：一高層次的密續修法，可將亡者的意識遷往善道。

【十五劃】

儀軌 sādhana（藏文 drup tap）：密續修法儀式的教本，詳細說明如何觀想某一特定本尊的外相、如何做其禪修等方法。

蓮花生大士 Padmāsambhava（梵文，藏文 Guru Rinpoche）：於第九世紀時應藏王赤松德贊的邀請至西藏，平息各種魔障及異教的干擾，創建寧瑪派，使佛教確立於西藏。

論注 śāstra（梵文，藏文 tan cho）：佛陀的法教可分為兩大類：佛陀親口宣說的經典或佛經（sutra），及學者與成就者闡釋其義的論注。

輪迴 saṃsāra（藏文 kor wa）：依因緣而存在的存在形式，相對於涅槃。眾生因為貪、瞋、癡的煩惱而不斷地在輪迴中流轉。

輪迴六道 six realms of saṃsāra（藏文 rik druk）：輪迴中的六種存在形式。具強烈傲慢心的天道，具強烈忌妒心的阿修羅道，具強烈貪欲的人道，具強烈愚癡的畜生道，具強烈慳吝心的餓鬼道，及極具強烈瞋恚心的地獄道。其中，人道是最適合修行的，達到證悟的機會最好。

糌巴 tsampa（藏文）：炒青稞粉，是西藏人的主食。

【十六劃】

噶當派 Kadampa（藏文）：藏傳佛教的主要教派之一，為阿底峽尊者（Atisha, 993-1054 CE）所創建。

噶舉派 Kagyüpa（藏文）：藏傳佛教的主要教派之一，爲瑪爾巴大譯師所創。噶舉派又可分爲四大八小，和寧瑪、格魯及薩迦合稱爲四大派。

【十七劃】

聲聞 srāvaka（梵文，藏文 nyen tho）：意爲「聽到的人」，指證知「無我」的小乘成就者。

薈供 gaacakra（梵文，藏文 tsog kyi khorlo）：供養本尊的修持法。

【十八劃】

薩惹哈 Saraha：印度的八十四大成就者之一，以大手印證道歌聞名。

轉輪勝王、輪王 cakravartin（藏文 Korlo gyurpa）：傳揚佛法、開新紀元的宇宙之王。

【十九劃】

證道歌 dohā（藏文 gur）：金剛乘行者即興而唱的歌，表達其對佛法體悟的歌。通常是一句九字。

【二十劃】

獻曼達 maṇḍala offering：四不共加行中的第三加行，是幫助修行者累積福德資糧的善巧方法。

譯師 lotsawa（梵文）：瞭解法之眞義的佛學翻譯大師暨成就者。

灌頂 empowerment（梵文 abhiṣeka，藏文 wang）：在金剛乘傳統中，修持任何法之前，都必須先由一具格上師處得受灌頂、口傳及實修解說，方可實際修持。

【二十五劃】

觀音菩薩 Avalokiteśvara（梵文，藏文 Chenrezig）：三大菩薩之一，代表一切諸佛慈悲的本質。西藏人經常持誦其心咒「嗡瑪尼貝美吽」，或稱爲六字大明咒。有各種不同的外相，如：四臂白觀音、紅觀音及千手千眼觀音。

第九世堪千創古仁波切簡傳

創古仁波切的世系是噶瑪巴傳承事業的重要支柱。第七世大寶法王噶瑪巴確札嘉措（一四五四～一五〇〇）於安多創古地區轉動法輪而創建創古寺時，任命根器最佳弟子當中的謝勒嘉趁（Sherab Gyaltsen）為住持。噶瑪巴同時也認證謝勒嘉趁為蓮花生大士二十五大弟子之一的修普・帕吉・僧給（Shubu Palgyi Senge）的化身，並封他為第一世創古仁波切。歷代創古仁波切以禪定和學養兼備著稱，至今為第九世，是藏傳佛教各大派公認的大禪師暨大學者。

第九世創古仁波切噶瑪・羅卓・隆日・瑪威・僧給（Karma Lodrö Lungrik Maway Senge）是蔣貢・康楚・羅卓・泰耶（Jamgön Kongtrul Lodro Taye）賢通派學系（Zhenton，或譯為「他空派」）的傳承持有者，也是大手印的大師。他於一九三三年出生在西康，兩歲時為第十六世大寶法王和第十一世泰錫度仁波切認證為第八世創古仁波切的轉世。五歲時由第八世札列仁波切爲他在創古寺舉行坐床典禮。七至十六歲之間，他勤習藏文讀寫、文法、儀軌、法事等，並圓滿二個加行的修持。十六歲時開始在堪布羅卓・拉瑟（Khenpo Lodro Rabsel）的指導下，深入學習三乘佛法，並投注更多時間於閉關修持。二十三歲時，創古仁波切和蘇曼・嘎旺仁波切（Surmang Garwang Rinpoche）和邱陽・創巴仁波切（Chögyam Trungpa Rinpoche）一起在第十六世大寶法王噶瑪巴座前領受具足比丘戒。之後，他跟隨堪布崗夏・旺波（Khenpo Garshar Wangpo）專心研學佛教哲學和傳承教誡。

二十六歲時，由於政局的動盪，他離開西藏前往印度，在極端艱苦的環境中繼續深造。他前往南印度追隨各大教派大師研讀高等佛教哲學，並接受嚴格的辯經訓練。苦讀八年之後，他於一九六八年三十五歲時，在一千五百位各教派學僧的見證與公開提問、辯答之下，通過格西考試，取得最高的格西・惹將巴（Geshe Rabjampa）學位。之後，他返回隆德寺，第十六世噶瑪巴任命他爲「噶舉三戒金剛持總駐錫地副教育長」，爲隆德寺和所有噶舉寺院的總堪布，同時擔任隆德寺住持和那爛陀高等佛學院校長，負起教育噶舉傳承四大法子和其他仁波切以及新一代學者的重任。

一九七六年，創古仁波切陪同噶瑪巴前往尼泊爾朝聖。依照傳統參拜斯瓦楊普（Swayambhu）、博達那（Bodhanath）和南摩布達（Namo Buddha）等三大佛塔時，噶瑪巴說若博達那佛塔能為寺院圍繞，佛法將能長久流傳。創古仁波切因此發願在這殊勝的三大佛塔旁建寺，並逐一實踐這項大願：南摩布達佛塔旁的閉關中心（一九七八）、博達那佛塔旁的創古寺（一九七九）、斯瓦楊普佛塔的創古度母寺（一九九一）。他也在佛陀成道的勝地——鹿野苑正覺大塔旁興建了智慧金剛學院。仁波切抵達尼泊爾之後，喜馬拉雅山區的貧苦信眾也請求他幫助培育他們的子女，仁波切因此特別成立了政府認可的師利芒嘎迪普住宿學校（Shree Mangal Dvip Boarding School, 1987），並首開先例，讓創古寺系的學齡僧尼二眾接受現代教育。

一九八〇年，仁波切應英國蘇格蘭桑耶林（Samye Ling）阿貢仁波切（Akong Rinpoche）的邀請，首次到西方弘法。從此之後，仁波切弘法的足跡遍及世界各地，在歐洲、美洲和亞洲成立許多佛學中心，在德國、美國也建有閉關中心，方便西方弟子進修。二〇一〇年加拿大創古寺落成開光，是仁波切利生活動的另一里程碑，也是佛法在北美洲傳揚的福地。

身為一代大學者暨大禪師，仁波切自身在佛教哲學和禪修方面的著作良多，翻譯成許多不同的語言，以書引領各國眾生趣入佛門，一探佛海的智慧。此外，為了佛法的廣傳，仁波切也成立創古法源翻譯學會和出版社，大力培養翻譯人才，並推廣佛教典籍的出版與流通。

唐卡畫家蔣揚．辛給簡介

蔣揚．辛給（Jamyong Singye）是當代西藏噶瑪嘎濟畫派（Karma Gardri）的大師。辛給出生於西藏，幼時隨父母逃難至印度，六歲時在大吉林附近的藏傳佛教寺院蘇那達寺出家，修學儀軌、禪定、喇嘛舞、樂器、繪畫和武術，前後二十七年。由於資質優異，十八歲時在上師的推薦下，隨嘎止派大師給嘎．喇嘛（Gega Lama）深入學習唐卡藝術，成爲其親傳弟子。他於一九八七年移居美國，在舊金山灣區定居，專事唐卡繪畫與教學，並熱心推廣西藏文化教育。他多次到西藏、不丹、尼泊爾各地考察寺院藝術傳統，並參與古寺壁畫的修復工作。辛給繪製的唐卡以承襲古風著稱，製圖作畫時謹守淨身、修法持咒、不落款等師門古訓。他的畫作在美國、歐洲和亞洲許多地區的美術博物館和私人畫廊展覽過，深獲好評，廣受收藏家和修行者喜愛。他也多次榮獲達賴喇嘛召見。

橡樹林文化 ❖❖ 善知識系列 ❖❖ 書目

JB0001	狂喜之後	傑克．康菲爾德◎著	380 元
JB0002	抉擇未來	達賴喇嘛◎著	250 元
JB0003	佛性的遊戲	舒亞．達斯喇嘛◎著	300 元
JB0004	東方大日	邱陽．創巴仁波切◎著	300 元
JB0005	幸福的修煉	達賴喇嘛◎著	230 元
JB0006	與生命相約	一行禪師◎著	240 元
JB0007	森林中的法語	阿姜查◎著	320 元
JB0008	重讀釋迦牟尼	陳兵◎著	320 元
JB0009	你可以不生氣	一行禪師◎著	230 元
JB0010	禪修地圖	達賴喇嘛◎著	280 元
JB0011	你可以不怕死	一行禪師◎著	250 元
JB0012	平靜的第一堂課——觀呼吸	德寶法師 ◎著	260 元
JB0013	正念的奇蹟	一行禪師◎著	220 元
JB0014	觀照的奇蹟	一行禪師◎著	220 元
JB0015	阿姜查的禪修世界——戒	阿姜查◎著	220 元
JB0016	阿姜查的禪修世界——定	阿姜查◎著	250 元
JB0017	阿姜查的禪修世界——慧	阿姜查◎著	230 元
JB0018X	遠離四種執著	究給．企千仁波切◎著	280 元
JB0019	禪者的初心	鈴木俊隆◎著	220 元
JB0020X	心的導引	薩姜．米龐仁波切◎著	240 元
JB0021X	佛陀的聖弟子傳 1	向智長老◎著	240 元
JB0022	佛陀的聖弟子傳 2	向智長老◎著	200 元
JB0023	佛陀的聖弟子傳 3	向智長老◎著	200 元
JB0024	佛陀的聖弟子傳 4	向智長老◎著	260 元
JB0025	正念的四個練習	喜戒禪師◎著	260 元
JB0026	遇見藥師佛	堪千創古仁波切◎著	270 元
JB0027	見佛殺佛	一行禪師◎著	220 元
JB0028	無常	阿姜查◎著	220 元
JB0029	覺悟勇士	邱陽．創巴仁波切◎著	230 元
JB0030	正念之道	向智長老◎著	280 元

JB0031	師父——與阿姜查共處的歲月	保羅・布里特◎著	260 元
JB0032	統御你的世界	薩姜・米龐仁波切◎著	240 元
JB0033	親近釋迦牟尼佛	髻智比丘◎著	430 元
JB0034	藏傳佛教的第一堂課	卡盧仁波切◎著	300 元
JB0035	拙火之樂	圖敦・耶喜喇嘛◎著	280 元
JB0036	心與科學的交會	亞瑟・札炯克◎著	330 元
JB0037	你可以，愛	一行禪師◎著	220 元
JB0038	專注力	B・艾倫・華勒士◎著	250 元
JB0039	輪迴的故事	慈誠羅珠堪布◎著	270 元
JB0040	成佛的藍圖	堪千創古仁波切◎著	270 元
JB0041	事情並非總是如此	鈴木俊隆禪師◎著	240 元
JB0042	祈禱的力量	一行禪師◎著	250 元
JB0043	培養慈悲心	圖丹・卻准◎著	320 元
JB0044	當光亮照破黑暗	達賴喇嘛◎著	300 元
JB0045	覺照在當下	優婆夷　紀・那那蓉◎著	300 元
JB0046	大手印暨觀音儀軌修法	卡盧仁波切◎著	340 元
JB0047X	蔣貢康楚閉關手冊	蔣貢康楚羅卓泰耶◎著	260 元
JB0048	開始學習禪修	凱薩琳・麥唐諾◎著	300 元
JB0049	我可以這樣改變人生	堪布慈囊仁波切◎著	250 元
JB0050	不生氣的生活	W. 伐札梅諦◎著	250 元
JB0051	智慧明光：《心經》	堪布慈囊仁波切◎著	250 元
JB0052	一心走路	一行禪師◎著	280 元
JB0054	觀世音菩薩妙明教示	堪布慈囊仁波切◎著	350 元
JB0055	世界心精華寶	貝瑪仁增仁波切◎著	280 元
JB0056	到達心靈的彼岸	堪千・阿貝仁波切◎著	220 元
JB0057	慈心禪	慈濟瓦法師◎著	230 元
JB0058	慈悲與智見	達賴喇嘛◎著	320 元
JB0059	親愛的喇嘛梭巴	喇嘛梭巴仁波切◎著	320 元
JB0060	轉心	蔣康祖古仁波切◎著	260 元
JB0061	遇見上師之後	詹杜固仁波切◎著	320 元
JB0062	白話《菩提道次第廣論》	宗喀巴大師◎著	500 元
JB0063	離死之心	竹慶本樂仁波切◎著	400 元
JB0064	生命真正的力量	一行禪師◎著	280 元

JB0065	夢瑜伽與自然光的修習	南開諾布仁波切◎著	280 元
JB0066	實證佛教導論	呂真觀◎著	500 元
JB0067	最勇敢的女性菩薩——綠度母	堪布慈囊仁波切◎著	350 元
JB0068	建設淨土——《阿彌陀經》禪解	一行禪師◎著	240 元
JB0069	接觸大地——與佛陀的親密對話	一行禪師◎著	220 元
JB0070	安住於清淨自性中	達賴喇嘛◎著	480 元
JB0071/72	菩薩行的祕密【上下冊】	佛子希瓦拉◎著	799 元
JB0073	穿越六道輪迴之旅	德洛達娃多瑪◎著	280 元
JB0074	突破修道上的唯物	邱陽．創巴仁波切◎著	320 元
JB0075	生死的幻覺	白瑪格桑仁波切◎著	380 元
JB0076	如何修觀音	堪布慈囊仁波切◎著	260 元

成就者傳記系列　JS0001
◆西藏大瑜伽士密勒日巴尊者如月心子

惹瓊巴傳

作　　者／堪千創古仁波切
英 譯 者／彼德・亞倫・羅勃茲（Peter Alan Roberts）
中 譯 者／陳玲瓏
編　　輯／劉昱伶
業　　務／顏宏紋

總 編 輯／張嘉芳
出　　版／橡樹林文化
城邦文化事業股份有限公司
104 台北市民生東路二段 141 號 5 樓
電話：(02)25007696 ext 2736　傳眞：(02)25001951
協力出版／創古文化・堪布羅卓丹傑・喇嘛達華・陳君宜
協力編輯／王志攀、江婉瑄
發　　行／英屬蓋曼群島家庭傳媒股份有限公司城邦分公司
104 台北市民生東路二段 141 號 5 樓
客服服務專線：(02)25007718；(02)25001991
24 小時傳眞專線：(02)25001990；(02)25001991
服務時間：週一至週五上午 09:30 ～ 12:00；下午 1:30 ～ 17:00
劃撥帳號：19863813；戶名：書虫股份有限公司
讀者服務信箱：service@readingclub.com.tw
城邦讀書花園網址：www.cite.com.tw
香港發行所／城邦（香港）出版集團有限公司
香港九龍土瓜灣土瓜灣道 86 號順聯工業大廈 6 樓 A 室
電話：(852)25086231　傳眞：(852)25789337
Email:hkcite@biznetvigator.com
馬新發行所／城邦（馬新）出版集團【Cité (M) Sdn.Bhd. (458372 U)】
41, Jalan Radin Anum, Bandar Baru Sri Petaling,
57000 Kuala Lumpur, Malaysia.
電話：(603) 90563833　傳眞：(603) 90576622
Email：services@cite.my

內頁版型／舞陽美術・張淑珍、歐陽碧智
封面設計／回向工作室
印　　刷／中原造像股份有限公司

初版一刷／ 2011 年 9 月
初版八刷／ 2024 年 2 月
ISBN ／ 978-986-6409-23-3
定價／ 260 元

城邦讀書花園
www.cite.com.tw

國家圖書館出版品預行編目資料

惹瓊巴傳 / 堪千創古仁波切著；彼德・亞倫・羅勃茲(Peter Alan Roberts) 英譯；陳玲瓏中譯 . -- 初版 . -- 臺北市：橡樹林文化，城邦文化出版：家庭傳媒城邦分公司發行，2011.09

面 ； 公分 . --（成就者傳記；JS0001）

譯自 : Rechungpa: A Biography of Milarepa's Disciple

ISBN 978-986-6409-23-3（平裝）

1. 惹瓊巴 2. 藏傳佛教 3. 佛教傳記

226.969 100016875